suhrkamp taschenbuch 4279

Rafael Horzon – Möbelmagnat, Originalgenie und Apfelkuchentycoon. Als Student und Paketfahrer gescheitert, baute er über Jahre hinweg das modocom-Imperium auf: Modelabel, Partnertrennungsagentur, Nachtklub, Fachgeschäft für Apfelkuchenhandel – eine bahnbrechende Idee jagte die nächste, und jedes Projekt sorgte für enormes Aufsehen: Mit einem Fön begeisterte er die Kunstwelt, mit der Kopfkrawatte revolutionierte er die Welt der Mode und schaffte es, mit der Erfindung des perfekten Buchregals einen schwedischen Möbeldiscounter vollständig vom Markt zu verdrängen. Auf dem Höhepunkt seines an Ereignissen nicht armen Lebens hält er inne und blickt zurück. Und siehe da: Horzon erweist sich auch noch als überaus charmanter und intelligenter Erzähler seiner selbst.

Rafael Horzon, 1970 in Hamburg geboren, studierte Philosophie, Latein, Physik und Komparatistik in Paris, München und Berlin, bevor er sich 1995 zum Paketfahrer der Deutschen Post ausbilden ließ. Ab 1996 Gründung zahlreicher Unternehmen wie der Galerie Berlintokyo, der Wissenschaftsakademie Berlin, des Möbelhauses Moebel Horzon, des Modelabels Gelée Royale und eines Fachgeschäfts für Apfelkuchenhandel. Rafael Horzon lebt und arbeitet in Berlin.

Rafael Horzon

DAS WEISSE BUCH

Suhrkamp

Umschlagfoto: Franziska Sinn

suhrkamp taschenbuch 4279
Erste Auflage dieser Ausgabe 2011

Druck: CPI – Ebner & Spiegel, Ulm
Printed in Germany
Umschlag: Göllner, Michels, Zegarzewski
ISBN 978-3-518-46279-9

2 3 4 5 6 – 16 15 14 13 12 11

DAS WEISSE BUCH

Man träumt gar nicht oder interessant.
Man muss lernen, ebenso zu wachen –
gar nicht oder interessant.

Friedrich Nietzsche

KAPITEL 1

Es war sehr still. Ich ging über einen menschenleeren Platz, der von Arkadengängen umgeben war. Die schattigen dunklen Gewölbe hoben sich scharf von den hellen Bögen der Fassaden ab. In der Mitte des Platzes stand ein Pavillon, auf den acht Wege sternförmig zuliefen. Summend spazierte ich einen der Wege entlang. Plötzlich bemerkte ich einen Gegenstand, der in einiger Entfernung vor mir auf dem Boden lag. Als ich etwas näher kam, sah ich, dass es eine Geldbörse war. Ich konnte mein Glück kaum fassen und begann zu laufen. Die Börse war prall gefüllt. An den Seiten quollen grüne und braune Scheine heraus. Als sie direkt vor meinen Füssen lag, sah ich mich noch einmal in alle Richtungen um, dann bückte ich mich. Ich streckte den Arm aus, ganz langsam, wie in Zeitlupe, um diesen schönen Moment künstlich zu verlängern. Ich schloss sogar die Augen, ich lächelte. Es ist sogar möglich, dass mir voller Vorfreude ein kleiner Speichelfaden aus dem Mund lief. Dann griff ich zu!

In den harten, steinigen Boden! Erschrocken riss ich die Augen auf: Das Portemonnaie war weg! Ich drehte mich zur Seite und sah hinter einem Busch einen dicken Jungen stehen, mit roten Backen und weit aufgerissenen Augen. Blitzschnell zog er das Portemonnaie an einem Bindfaden zu sich heran, nahm es hoch und rannte damit davon. Ein kleiner Propeller auf seiner Mütze drehte sich im Wind. Sein Lachen hallte über den leeren Platz. Es klang wie Möwengeschrei.

Wie Möwengeschrei einer Möwe aus Stahl. Als der Junge verschwunden war, ging ich zum Pavillon, setzte mich auf eine der Bänke, die in seinem Innern aufgestellt waren, und fing an zu weinen. Stundenlang. Bis der ganze Platz ein Meer aus Tränen war.

An dieser Stelle wachte ich normalerweise auf. So auch an diesem Tag. Ich drehte mein tränenbenetztes Kissen um, dann griff ich nach dem kleinen Notizbuch, das ich mir bei meiner Ankunft in Paris gekauft hatte und das immer auf meinem Nachttisch lag. *Journal de Rêves* stand darauf in geschwungenen Buchstaben: Traumtagebuch. Ich schlug es auf und blätterte durch die vollgeschriebenen Seiten: Hundertfünfundzwanzig Nächte, hundertfünfundzwanzigmal derselbe Portemonnaie-Traum: Geldbörse, las ich ... Prall gefüllt, las ich ... Dicker Junge, las ich ... Möwengeschrei.

Hundertfünfundzwanzigmal! Lächerlich! War ich wirklich so sehr vom Wunsch besessen, reich zu werden? Verärgert warf ich das Buch in die Ecke. Für Siegmund Freud mochte das Traumtagebuch grossen Sinn gemacht haben. Für mich war es reine Zeitverschwendung.

Als ich die Decke hochriss, um aus dem Bett zu steigen, fielen einige Bücher zu Boden, die ich vor dem Einschlafen gelesen hatte: *Die Gesänge des Maldoror* von Lautréamont in einer kostbaren Erstausgabe von 1868, Dostojewskis *Schuld und Sühne*, die neueste Ausgabe des *Playboy*, Nietzsches *Fröhliche Wissenschaft*, Jack Londons *Der Werwolf von Paris*.

Mein Blick fiel auf den Reisewecker, der auf meinem Nachttisch stand: Schon fünfzehn Uhr! Ich sprang auf, stiess mit dem Kopf gegen die Dachschräge, fiel seitwärts mit dem Ellbogen auf den glühend heissen Camping-Kocher, mit dem ich meine Dienstbotenwohnung heizte, schrie auf und fand gerade noch Halt am Waschbecken, das direkt neben meinem Bett an die Wand genagelt war.

Womit auch schon mein gesamtes Inventar aufgezählt wäre. Mehr gab es nicht in der zweieinhalb Quadratmeter grossen *Chambre de Bonne*, die ich für ungefähr fünftausend Mark im Monat von einer alten Dame mietete.

Ich behielt meinen grauen Wollpullover und meine weisse Leinenhose, die ich auch als Pyjama benutzte, gleich an und warf meinen dunkelblauen Dufflecoat über, den ich mir gekauft hatte, weil ich ihn für sehr französisch hielt. Dann stürmte ich auf den Korridor. Vorsichtig stieg ich über den dicken schnarchenden Mann, der mit einer roten Rose auf dem Bauch vor der Tür meines Nachbarn lag. Dann rannte ich die sechs Etagen des Dienstbotenaufgangs hinunter, laut die Marseillaise pfeifend. Am Eingang zur Metro kaufte ich mir ein Croissant und eine heisse Schokolade und stieg damit in den Zug. Eine halbe Stunde später war ich in der Universität.

Der Saal war zum Bersten gefüllt, wie immer. Die Studentinnen und Studenten redeten aufgeregt durcheinander, in Erwartung des grossen, wöchentlichen Spektakels. In der Mitte der Bühne stand ein hoher Katheder aus Sandelholz. Er war so hoch, dass auch noch die Studenten in der letzten Reihe den Kopf heben mussten, um den Redner zu sehen. Hinter dem Katheder hing über die gesamte Breite der Bühne ein acht Meter hoher, dunkelroter Samtvorhang. Ich schaute auf die Armbanduhr meines Nachbarn – ich selber trug selbstverständlich keine –, sie zeigte genau sechzehn Uhr.

Der zwergwüchsige Saaldiener, der am Rand der Bühne gesessen hatte, erhob sich nun und schlug mit einer grossen Holzstange, ungefähr doppelt so hoch wie er selbst, dreimal, mit ehrfurchtgebietenden Pausen dazwischen, auf den dunkel dröhnenden Bühnenboden. Das Licht im Saal erlosch. Alles verstummte.

Nun erstrahlten im Bühnenboden verborgene Lampen, die den Samtvorhang von unten verheissungsvoll beleuchteten. Mein Herz schlug schnell und schneller. Auch der Katheder wurde nun von unten bestrahlt. Es folgten weitere endlose Minuten. Kein Ton war zu hören.

Dann, mit einem Mal, teilte sich lautlos der Vorhang, und aus dem Spalt heraus trat ER: Jacques Derrida.

Würdevoll, aber ohne falschen Pomp, stieg er die Treppen zum Rednerpult empor. Sein Gesicht, das von einer Leselampe nun von unten erhellt wurde, wirkte wie ein Leuchtturm und strahlte grosse Weisheit aus.

Derrida starrte eine Zeitlang wortlos in den schwarzen Saal, kniff die Augen zusammen, riss sie dann plötzlich auf und sagte, wobei er jedes Wort einzeln betonte: »Le – soleil – est – froid!« *Die Sonne ist kalt!*

Empört sprang ich von meinem Sitz auf, rückte mit beiden Händen mein Barett zurecht, das mir beim Aufspringen vor die Augen gerutscht war, und rief mit meiner angenehm hellen Stimme, in akzentfreiem Französisch: »Aber, Monsier le Maître, wie kann das sein, noch gestern war ich in den Tuilerien und habe mich gesonnt, und die Sonne war heiss! *Ce n'est pas possible*, verflixt nochmal!«

Wütend blinzelte Derrida in den Zuschauerraum, bedeckte seine Leselampe mit den Händen, um zu sehen, welcher Trottel ihn da störte. Doch kaum hatte er mich, seinen Lieblingsstudenten, erkannt, huschte ein nachsichtiges Lächeln über sein Gesicht: »Geduld, *cher ami*, setzen Sie sich, ich werde es Ihnen erklären!«

Derrida sprach lange, mit ruhiger Stimme, und jedes Wort sog ich in mich auf. Die Sonne, sagte Derrida, wärmt mit ihren Strahlen die Dinge. Die Dinge werden von den Strahlen bestrahlt und werden warm. Alle Dinge sind warm, weil sie wärmende Strahlen von der Sonne erhalten. Alle Dinge erhalten diese wärmenden Strahlen – mit einer Ausnahme. Mit Ausnahme der Sonne. Die Sonne erhält als Einzige keine wärmenden Strahlen. Also ist die Sonne kalt.

Benommen verliess ich das Auditorium. Derartiges hatte ich noch nie gehört. Aber wenn es stimmte, dass die Sonne nicht heiss war, sondern kalt – und das hatte der Maître ja eindeutig bewiesen! –, dann konnten auch alle anderen Wahrheiten ebenso gut Unwahrheiten sein. Dann konnte Schwarz auch Weiss sein und Dunkel Hell. Dann konnte Sinnvolles auch sinnlos und Sinnloses sinnreich sein. Dann konnte ein Tapetenladen auch eine Hochschule sein. Oder eine Ziege ein Bademeister. Denn ob etwas richtig oder falsch war, gut oder böse, hässlich oder schön, das steckte nicht in den Dingen selbst. Das hatte ich doch gerade gestern noch vor dem Einschlafen gelesen! Sondern es wurde von Menschen in Regeln und Definitionen festgeschrieben, um allen anderen Menschen das Nachdenken auszutreiben.

Um sie im gleichen Trott zu halten.

Um sie besser lenken zu können!

Wie eine Schafherde!

Aber diese tyrannisierenden Regeln sollten für mich von nun an nicht mehr gelten. Von nun an war alles erlaubt. Von nun an wollte ich selber bestimmen, wie diese Welt zu sehen war. Und wie in dieser Welt zu leben war.

Verwirrt und berauscht von diesen unsagbar radikalen Gedanken streifte ich singend durch das Quartier Latin. Am Ufer der Seine kletterte ich auf einen Lastenkahn, schnitt die Taue durch und liess mich durch das nächtliche Paris treiben. Als ich an einem Kino vorbeikam, sprang ich von Bord, nicht ohne vorher noch die Trikolore vom Heck zu schneiden und mir über die Schultern zu werfen. Im Kino lief *L'Eclipse* von Antonioni. Ich weinte von der ersten Minute an, den ganzen Film hindurch. In allem erkannte ich mich wieder! Die neuen, noch hohlen Hochhäuser aus Beton: Das war ich. Der Treffpunkt von Monica Vitti und Alain Delon, nämlich die Regentonne, die sich Tropfen für Tropfen mit Wasser füllte: Das war ich! Und dann das Schlussbild des Films: Eine sehr moderne Strassenlaterne, die einsam im Nebel leuchtete: Ich.

Schluchzend wankte ich nach Hause und fiel in einen tiefen, traumlosen Schlaf.

KAPITEL 2

So zogen meine Pariser Monate ins Land. Vormittags sass ich meist vor dem Café de Flore, trank mit abgespreizten Fingern einen Espresso nach dem anderen und lachte hysterisch über die Scherze der Clowns, die von einem Strassenlokal zum nächsten zogen.

Nachmittags ging ich spazieren.

»Wenn du das Glück hast, als junger Mensch in Paris zu leben«, pflegte ich laut zu mir selbst zu sagen, »dann trägst du die Stadt für den Rest deines Lebens in dir.«

Abends nahm ich Tanzunterricht am Boulevard Raspail.

Eines Nachmittags, als ich lesend auf dem Fensterbrett meiner Dienstbotenwohnung sass und mich sonnte, bemerkte ich auf dem gegenüberliegenden Bürgersteig einen Wohnwagen. Besser gesagt war er mir schon früher aufgefallen, weil er seit Wochen dort stand und niemals bewegt wurde. Aber heute sah ich, dass immer wieder Menschen in diesen Wohnwagen stiegen und ihn nach zwanzig oder dreissig Minuten verliessen.

Neugierig geworden legte ich mein Buch – es war Stohmanns *Handbuch der Zuckerfabrikation* – beiseite, schlüpfte in meine roten Sandalen und lief hinunter. Als ich am Wohnwagen angekommen war, erkannte ich, dass er mit silbernen und goldenen Sternen beklebt war. Neben der Eingangstür war ein Schild angebracht: *Signora Sarasate, Voyante.* Eine Hellseherin also! Sofort riss ich die Tür auf – natürlich ohne anzuklopfen, weil mir das bei einer Hellseherin überflüssig vorkam. Signora Sarasate erschrak so sehr, dass ihr die Mokkatasse, die sie gerade zum Mund hob, fast aus der Hand fiel. Wütend starrte sie mich an. Dann setzte sie, um Fassung bemüht, die Tasse leise klirrend auf die Untertasse zurück und sagte mit erschreckend tiefer Stimme: »Buongiorno, mon fils! Vous désirez?«

»Buongiorno, Signora«, antwortete ich in schönstem Norditalienisch, »ich sah Ihr Schild draussen und würde mir gerne die Zukunft voraussagen lassen! Ob ich Erfolg haben werde im Leben!«

»Schön, komm herein, mein Junge, möchtest du einen Mokka? Er ist heiss und stark, aus meiner Heimat Georgien.«

Ich setzte mich zu ihr an den Tisch, sie nahm meine Hand und kam mit ihrem Gesicht ganz nah an mich heran. Ihr Atem roch nach Kaffee und Nikotin. Ihr starkes Parfüm, es war Paco Rabanne, wie es auch Onkel Rolf aus Acapulco benutzte, betäubte mich. Ich fürchtete mich und weinte ein wenig.

»Hör zu, mein Kleiner«, sagte Signora Sarasate mit ihrer tiefen Stimme, »was ich dir nun sage, ist sehr wichtig. Es wird dein ganzes Leben bestimmen. Hörst du gut zu?«

»Ja, Signora«, wisperte ich ängstlich, »ich höre.«

»Nun gut, hier ist meine Vorhersage, oder besser gesagt ... mein Rat: Versuche nie, schneller zu laufen als die anderen. Du wirst nie vor ihnen ans Ziel kommen! Also sollst du ein Ziel wählen, das ausser dir niemand kennt, dann wirst du der Erste sein, der dort ankommt, auch wenn du noch so gemütlich spazierst!« Hier machte sie mit geschlossenen Augen eine Pause, als wollte sie dem eben Gesagten noch ein wenig hinterherkosten. Dann riss sie unvermittelt die Augen wieder auf und herrschte mich an: »Und jetzt hinaus mit dir, ich habe Feierabend!« Dabei zeigte sie auf die Wanduhr, es war Punkt siebzehn Uhr. Ich bemerkte, dass unter ihrer Schminke Bartstoppeln wuchsen.

»Wie viel schulde ich Ihnen?«, fragte ich lispelnd.

»Niente, niente«, winkte sie ab, »è stato un piacere, und nun verschwinde endlich, ich habe es eilig.«

Verwirrt stolperte ich aus dem Wagen. Ich überquerte die Strasse und setzte mich auf eine Bank unter einer Platane. Den Wohnwagen behielt ich fest im Visier.

Eine Zeitlang passierte nichts.

Dann, nach etwa zehn Minuten, öffnete sich die Tür. Aus dem Wohnwagen stieg ein Mann in einem eleganten dunkelgrauen Anzug, eine glänzende schwarze Aktentasche in der Hand. Misstrauisch sah er sich nach allen Seiten um, schloss den Wagen ab und verschwand dann hastig in einer Seitenstrasse.

»Parbleu!«, murmelte ich und sprang von der Bank auf. Diese grosse Hakennase! Das war doch Signora Sarasate! Schnell lief ich über die Strasse und folgte ihr etwa zwanzig Minuten lang, bis auf den Boulevard Saint Germain.

Obwohl sie fast rannte, kam ich ihr immer wieder so nahe, dass mir ihr Parfüm in die Nase wehte: Paco Rabanne! Es gab keinen Zweifel mehr!

Als wir an ein grosses Palais kamen, verlangsamte Signora Sarasate ihre Schritte. Vor dem Sandsteinportal blieb sie kurz stehen und zog ihren Anzug straff. Dann gab sie sich einen Ruck, bog in das Portal ein und ging übertrieben energisch direkt auf den Eingang des Palais zu.

»Bonsoir, Monsieur le Ministre!«, schrien die livrierten

Wachen, wobei sie salutierten und die Hacken zusammenschlugen. Signora Sarasate würdigte sie keines Blickes, stieg federnd die fünf Stufen zur Eingangstür hinauf und verschwand im Innern.

Ministère de la Défense las ich auf dem polierten Messingschild am Sandsteinportal. Das war doch allerhand: Der französische Verteidigungsminister eine georgische Zigeunerin! Das würde mir natürlich wieder niemand glauben, weder meine Freunde in der Rue de Fleurus, wo ich Französischunterricht nahm, noch an der Sorbonne. Ich beschloss, diesen Vorfall lieber gar nicht erst zu erwähnen, sondern für mich zu behalten.

Stattdessen schlenderte ich pfeifend nach Hause und holte meine Kamera. Ich hatte mir eine kleine Leica gekauft, mit der ich ausschliesslich Brücken fotografierte. Meine Dienstbotenwohnung hatte ich zur Dunkelkammer umgebaut, was auch nicht übermässig schwer gewesen war. Ich hatte nur das einzige Fenster mit meinem Berberteppich zuhängen müssen. Den Vergrösserer stellte ich auf den Nachttisch, die drei Entwicklungsbecken auf das Bett. Nächtelang entwickelte ich Fotos von Brücken.

Als mein Brücken-Atlas komplett war und ich meinem Französisch den letzten Schliff gegeben hatte, packte ich meinen Koffer und fuhr nach München.

KAPITEL 3

Die Wohnung, die ich bald gefunden hatte, lag im Glockenbach-Viertel. Im Hinterhof, direkt unter meinem Fenster, hatte der Buchbinder Wanninger seine Werkstatt. Pünktlich um fünf Uhr morgens warf er seine heulenden, stampfenden Maschinen an. So auch an diesem schönen Frühlingstag. An Schlaf war nun nicht mehr zu denken. Gutgelaunt schlüpfte ich in meine roten Sandalen, warf den langen Seidenschal um und ging in den Englischen Garten.

Auf einem Hügel am Monopteros sah ich einen dünnen Mann im Gras sitzen, der damit beschäftigt war, sich aus Butterblumen einen Kranz zu flechten.

»Wer sind Sie, und was machen Sie da?«, fragte ich neugierig.

Nur mässig interessiert sah er mich an, wandte sich dann wieder seinem Blumenkranz zu und murmelte: »Scire volunt omnes, mercedem solvere nemo.«[1]

Glücklicherweise hatte ich in Paris auch mein Latein aufgefrischt und konnte ihm nun angemessen antworten: »Novarum rerum cupidus!«[2]

»Felix, qui potest rerum cognoscere causas«[3], entgegnete er seufzend.

Da ich sah, dass er alt und weise war, sagte ich: »A bove maiore discit arare minor.«[4]

1 Wissen wollen alle, dafür zahlen will keiner.
2 Ich bin nach neuen Dingen begierig!
3 Glücklich, wer den Ursprung der Dinge erkennen kann.
4 Vom älteren Stier lernt der jüngere pflügen.

»Taurum tollet, qui vitulum sustullerit!«[5], antwortete der kluge Mann, stand auf und setzte sich seinen Butterblumenkranz auf.

»Semper aliquid addiscendum est«[6], bestätigte ich etwas übereifrig.

»Inspice, felix eris!«[7], versprach er mir.

Zum Abschied wollte ich ihm noch etwas besonders Nettes hinterherrufen: »A te sudor abest, saliva mucusque!«[8]

Aber Professor Heu war schon hinter einer Hecke verschwunden.

Die folgenden Monate verbrachte ich also im Seminar des Professor Heu. Des einzigen Menschen ausserhalb des Vatikans, der fliessend Latein sprach. »Salve magister!« – »Salvete discipuli!«, so ging es nun Tag für Tag, wenn Professor Heu, in eine weisse Toga gehüllt, eine goldene Leier in der linken Hand, den Raum betrat. Grammatikalische Feinheiten wurden diskutiert. Gerundium und Gerundivum unterschieden. Die Metamorphosen des Ovid wurden hexametrisch vorgetragen. In den ersten Wochen war ich noch amüsiert. Dann war ich irritiert. Dann deprimiert. Langeweile schlich sich ein. Ich war unterfordert. Eines Tages, wir rezitierten gerade Plinius im Chor, stand ich auf und rief dabei, zur Abwechslung diesmal auf Altgriechisch: »Anegnon, egnon, kategnon!«[9]. Damit ging ich zum Ausgang. »Sapientia non est in litteris sed in rebus!«[10], sagte ich zum

5 Einen Stier wird tragen, wer zur Übung ein Kalb gehoben hat!
6 Es gibt immer etwas dazuzulernen.
7 Schau herein, du wirst glücklich sein!
8 Du leidest weder an Schweiss noch an Auswurf, noch an Schnupfen!
9 Ich habe gelesen, ich habe verstanden, ich habe verworfen!
10 Die Weisheit liegt nicht in den Büchern, sondern in den Dingen selbst!

Abschied, als ich die Tür zu Professor Heus Seminar für immer zuwarf.

Am Münchner Hauptbahnhof sah ich ein Werbeplakat: »Komm – nach Berlin!« stand in grossen Lettern unter einer Nachtaufnahme der ewigen, leuchtenden und einer alten Legende zufolge niemals schlafenden Stadt. »Vielleicht wäre dies der richtige Ort, um den Dingen selbst auf den Grund zu gehen«, sagte ich mir. Sofort löste ich eine Fahrkarte und fuhr hin.

Berlin-Mitte war damals noch ein grosses Trümmerfeld. Die Bewohner hatten sich nach dem Krieg nicht damit aufgehalten, ihre zerbombten Häuser wieder aufzubauen. Sie hatten einfach die zerbrochenen Schaufenster ihrer Läden ganz herausgeschlagen und die Öffnungen zugemauert. Dahinter verkauften sie Rinde, die Scherben ihrer Fenster und Molkepulver. Fünfundvierzig Jahre lang. Dann kamen junge Menschen aus dem Westen, besetzten die leergebliebenen Läden und Wohnungen und verkauften den anderen jungen Menschen, die nach Berlin kamen, Getränke.

Ein Lokal, das ich an meinem ersten Abend besuchte, war nichts anderes als eine vollständig eingerichtete Wohnung, die seit zwanzig oder dreissig Jahren nicht mehr betreten worden war. Ein neugieriger Student hatte sie aufgebrochen und beschlossen, sie als Bar zu benutzen. Sie war von nur sieben Kerzen beleuchtet. In der Küche stand ein schwarzer Mann und verkaufte Schnaps mit Zitronen. Die Gäste sassen auf verstaubten Sofas und rauchten. Andere zogen Bücher aus der riesigen hinterlassenen Bibliothek und blätterten augenrollend darin herum.

An einem anderen Ort, in einer Garage, die bis zur Decke mit elektronischen Ersatzteilen vollgestellt war, stand ein

Hawaiianer, der einhundertsiebzehn Versionen eines Liedes namens *The Caravane* gesammelt hatte, die er jeden Abend hintereinander abspielte. In die Lampenfassungen hatte er Gewürzgurken gesteckt, die ein mattleuchtendes grünes Licht verbreiteten.

Noch mehr begeisterte mich aber ein Haus in der Auguststrasse. Ins Erdgeschoss hatten die neuen Bewohner aus Dachlatten eine kleine Arena gezimmert. Um diese Arena herum hatten sie Verschläge gebaut. Und wenn man die Türen dieser Verschläge hinter sich zuschloss, klappte eine Eieruhr ein kleines Guckloch frei. Ich zahlte für zehn Minuten, setzte mich in einen Verschlag und starrte durch das Guckloch in die Arena. Zwei nackte Männer mit langen Haaren erschienen. Der eine nahm eine Giesskanne und begoss erst sich und dann den anderen Mann mit einer dicken braunen Flüssigkeit. Dann verrieben sie sich die Flüssigkeit gegenseitig auf der Haut, wobei sie Knack- und Schnalzlaute von sich gaben, wie sie von primitiven Völkern benutzt werden. Ich war sehr beeindruckt.

Jeden Abend eröffnete in Berlin-Mitte ein neuer Ort, an dem man gewöhnlich die ganze Nacht verbrachte. Den Tag über erholte man sich von den Strapazen.

Die meiste Zeit verbrachte ich damals aber in einem verwilderten Garten an der Steinstrasse. Eine Freundin von mir, Joy Wagner, legte dort in einem Geräteschuppen Platten auf. Manchmal drei Tage hintereinander, an einem Stück. Das war genetisch bedingt. Sie sprach zwar nie über ihre Herkunft, hatte aber auch nichts dagegen, dass der Betreiber des Schuppens ein altes Foto aufhängte, wenn sie auflegte. Darauf war ihre ganze Familie vor Haus Wahnfried zu sehen. Ihr

Vater Wolf-Siegfried war damals noch ganz klein, später wurde er zum grössten Immobilienhändler Mallorcas.

Als ich unter einer Luftmatratze vor meinem Haus einmal eine Videokamera fand, drehte ich zusammen mit Joy zwei Filme. Die Hauptrolle spielte in beiden Filmen ihr riesiger Jagdhund Ben. Der Actionfilm *Superhund*, für den wir ihn in ein pinkes Kostüm steckten, war ein wirkliches Meisterwerk. Schnell schoben wir noch den Western *Brauner* hinterher, in dem Ben mit Cowboyhut auf dem Kopf und Sattel auf dem Rücken durch Berlin-Mitte trabt. Wir veranstalteten Kino-Abende in Joys Wohnung, und bald gab es buchstäblich niemanden mehr in Berlin-Mitte, der diese Filme noch nicht gesehen hatte.

Durch einen Zufall, über Christian Jankowski, bekam ein paar Jahre später sogar Harald Szeemann, der bedeutendste Kurator der Welt, die Filme zu sehen. Sofort wollte er *Superhund* in einer Ausstellung zeigen. Doch ich hatte zu der Zeit schon lange beschlossen, Unternehmer zu werden, und fürchtete um meinen guten Ruf. Also schickte ich ihm mein Buch *Der Dritte Weg* und eine freundliche Absage.

Joy war darüber nicht glücklich, schliesslich war sie ja keine Unternehmerin und wollte die Filme gerne weiterhin zeigen. Also schnitten wir meinen Namen aus Vorspann und Abspann, und seitdem kursieren die Filme als Joy Wagners alleinige Werke.

Über mein neues aufregendes Leben in Berlin-Mitte hätte ich leicht vergessen können, dass ich immer noch Student war. Aber ich war fleissig und gewissenhaft. Um endlich mehr und schneller zu lernen als in München, hatte ich in Berlin ein neues Fach belegt und schrieb nun Aufsätze über Godards Filme und Malapartes Schriften. Regelmässig wurde ich mit Preisen ausgezeichnet. Auf einer Anzeigentafel in der Ehrenhalle der Universität wurde bekanntgegeben, dass ich der beste Student der gesamten Universität war.

Doch nach einigen Monaten merkte ich, dass diese Hochschule und dieses Studium nicht für mich gemacht waren. Ich wurde immer unglücklicher. Meine Augen wurden glasig. Meine Bewegungen wurden fahrig. Ich war unterfordert. Das Studium verlief viel zu schleppend. Ich war so verzweifelt vor Langeweile, dass ich sogar wieder anfing, im Schlaf zu weinen.

Dann kam der Tag, der meinem Leben eine völlig neue Wendung geben sollte.

Ich sass zu Hause an meinem Sekretär und war damit beschäftigt, einen Berg dreieckiger Briefmarken mit Flugzeugmotiven zu sortieren, als der Postbote klingelte. Der Direktor der Universität lud zu einer Informationsveranstaltung ins Auditorium Maximum. Die neue Studienordnung sollte bekanntgegeben werden. Ich parfümierte mich, warf mein Regencape über und radelte zur Universität. In der letzten Reihe des nach hinten ansteigenden Gestühls fand ich einen Platz. Ganz unten stand der Direktor an einem Projektor und gab mit schnarrender Stimme das neue Regularium bekannt. Das Studium sollte nun nicht mehr sechs, sondern acht Semester dauern! Ich konnte es nicht glauben. Unfassbare Wut stieg in mir auf. Als wäre dieses Studium, das sich mit der Untersuchung völlig unerheblicher Details aufhielt, nicht auch so schon eine Tortur gewesen! Unter meinem Pult lag eine halbvolle Plastikflasche, die ein Student dort wohl vergessen hatte. Ich nahm die Flasche, zielte und warf. Sie traf den Direktor direkt auf die Nase.

Erschrocken über das, was ich getan hatte, verharrte ich auf meinem Stuhl, regungslos, mit halb geöffnetem Mund. Der gesamte Saal drehte sich zu mir um und starrte mich an.

»Stehen Sie auf, und kommen Sie herunter!«, befahl der Direktor.

Alles war stumm vor Entsetzen. Zögernd stieg ich die siebenundneunzig Stufen hinab. Meine roten Lack-Sandalen machten bei jedem Schritt ein quälend lautes, quietschendes Geräusch. Dazu kam, dass mir bei mindestens jeder dritten Stufe vor Angst ein leiser, bei der Totenstille im Saal leider aber unüberhörbarer Wind entfuhr. Dann stand ich vor dem Direktor.

»Ich höre!«, sagte er.

Fragend neigte ich den Kopf zur Seite und sah ihn an.

»Ich höre! Haben Sie mir etwas zu sagen!«, rief der Direktor noch einmal.

Mir dämmerte, dass er eine Entschuldigung von mir verlangte. Aber ich brachte kein Wort heraus und starrte ihn nur mit grossen Augen an. Es muss wohl meine krankhafte Schüchternheit gewesen sein, die mich stumm bleiben liess.

»Das ist doch zum Verrücktwerden!«, schrie der Direktor. »Kommen Sie um vierzehn Uhr in mein Büro!«

Schweigend machte ich eine halbe Drehung, steckte mir ein Salbeibonbon in den Mund und ging hinaus.

Als ich um Punkt vierzehn Uhr in sein Zimmer kam, sass der Direktor in seinem sehr schönen, mit dunkelrotem Leder gepolsterten Sessel hinter dem mächtigen Direktorentisch und sortierte Unterlagen. Als er mich bemerkte, nahm er seine Lesebrille ab und starrte mich an, dann setzte er die Brille wieder auf und raschelte in seinen Unterlagen.

»Wissen Sie, was dies hier ist?«, fragte er dann und hielt ein Blatt Papier in die Luft.

Ich schüttelte den Kopf.

»Dann werde ich es Ihnen sagen: Ein Ex-ma-tri-ku-la-ti-ons-be-scheid. Ich kann ihn unterschreiben – dann sind Sie ab sofort vom Besuch dieser Hochschule ausgeschlossen. Oder ...« – hier machte der Direktor eine künstliche Pause und fuhr dann mit einer viel freundlicheren Stimme fort – »... oder ich kann ihn ganz einfach wegwerfen! Und alles vergessen! Denn ich gebe zu: Ich würde ungern den begabtesten Studenten meiner Hochschule verlieren. Es liegt nun an Ihnen. Es liegt nur daran, was Sie mir jetzt sagen. Also ...?« Bei diesen letzten Worten setzte der Direktor ein gequältes Lächeln auf und streckte mir die Hände entgegen.

Ich machte ein paar trippelnde Schritte, bis ich an den Direktorentisch stiess. Dann stützte ich mich mit beiden Händen auf die Tischkante, beugte mich ganz weit vor, ganz nah an das Gesicht des Direktors heran, und sagte leise, mit heiserer Stimme: »Es tut ... mich ... weh.«

»Wie bitte?«, fragte der Direktor und schnellte zurück, als hätte er sich verhört.

»Ich habe ... kalt. Am Bauch.«

Eigentlich hatte ich etwas ganz anderes sagen wollen, etwas Versöhnliches! Und dann wurde dieser unfassbare Unsinn daraus!

Beim Hinausgehen hörte ich, wie der Direktor mit einem riesigen, kratzenden Gänsekiel meine Entlassung unterschrieb.

Was er nicht wusste, war allerdings, dass vor der Tür schon seine Tochter Sophia auf mich wartete. Ich hatte ihr bei einem Essen im Haus des Direktors einmal zugezwinkert, und sie hatte sich sofort in mich verliebt. Als sie mich aus dem Direktorenzimmer herauskommen sah, sprang sie von ihrem Stuhl auf und fiel mir um den Hals. Wir fuhren zum Eiscafé Venezia, assen zwei grosse Banana Split mit sehr viel Sahne und gingen dann zu mir nach Hause. Ich liebte sie an diesem Abend siebenmal. Ein Wirbelsturm urtümlicher Kräfte trug mich ins Reich der Wonne.

Es war, und ich sage das nicht ohne Stolz, meine erste Nacht mit einer Frau. Ich war ja auch erst dreiundzwanzig Jahre alt. Noch heute erinnere ich mich sehr genau, wie die Buchstaben auf Sophias T-Shirt, das sie während der sieben langen Stunden anbehielt, vor meinen Augen auf und ab tanzten. Getrocknet und gebügelt ergaben sie den Schriftzug: »Universität Berlin«.

KAPITEL 4

Am nächsten Morgen setzte ich mich an meine Schreibmaschine, um einen neuen, vorläufigen Lebensplan zu tippen. Welchen Weg sollte ich gehen? Dass der Weg durch die Universität in die Verzweiflung führte, hatte ich schon früher geahnt. Und dank meiner gelungenen Vorstellung im Auditorium Maximum hatte sich dieser Weg nun auch für immer erledigt.

Der zweite Weg? Meine Freunde, mit denen ich über die grossen Fragen des Lebens sprach, hatten mir schon immer geraten: Mach es wie wir, und begib dich in die Welt der Kunst. Das wirkliche Leben ist banal und gemein, die Kunst ist schön, lustig und interessant.

Das sah ich allerdings anders: Erstens waren buchstäblich alle Menschen, die ich bis dahin in Berlin kennengelernt hatte, Künstler. Also wollte ich logischerweise nicht auch noch Künstler werden. Und zweitens fand ich die Kunst ja keineswegs lustig und interessant! Nachdem ich Pierre Cabannes *Interviews with Marcel Duchamp* dreimal von der ersten bis zur letzten Seite aufmerksam durchgelesen hatte, sah ich keinen Sinn mehr darin, weitere Beweise dafür anzuhäufen, dass alles, was jemand zu Kunst erklärt, auch Kunst ist: Suppendosen, Staubsauger, Haie – alles war nur eine Variation der *Fontaine*, des Urinals, das Duchamp 1917 zu Kunst erklärt hatte. Mir ist auch heute noch, trotz meines hohen Alters, unerklärlich, mit welcher Energie immer neue Generationen junger Menschen diese immer gleiche Idee wiederholen. Ich wollte aber keine Ideen wiederholen. *Stultus es, rem actam agis!*, hatte Plautus gesagt: Du bist töricht, du tust eine schon getane Sache!

Noch unbegreiflicher waren mir übrigens die vielen Künstler, die ich damals kennenlernte und die zu dieser Zeit Ölfarbe und Leinwand aus der Versenkung holten. Auch wenn ich mit ihnen noch heute befreundet bin und auch wenn sie mit ihren Bildern bald weltberühmt wurden, machte mich das, was sie da taten, vollkommen ratlos. Zu den Malern, die ich am Pariser Montmartre gesehen hatte, die an ihren Staffeleien romantische Stadtansichten für Touristen herstellten, sah ich keinen einzigen Unterschied. Es war überholt. Und nicht nur das Bemalen von Leinwänden: Die Gesamtheit der Idee Kunst erkannte ich als obsolet.

Mein Pariser Orakel, Signora Sarasate, kam mir in den Sinn. Ich sollte nicht den Weg der Studenten gehen. Und ich sollte nicht den Weg der Kunst gehen. Ich sollte den Dritten Weg gehen. Mein Ziel war die Neue Wirklichkeit.

Nachdem ich diese grundlegenden Gedanken in meine Maschine getippt hatte, legte ich ein neues Blatt ein. Es gab keine Zeit zu verlieren. Der Dritte Weg musste sofort beschritten werden.

Zwei Bereiche kamen mir dafür besonders geeignet vor, wahrscheinlich weil sie am weitesten von der Welt der Kunst entfernt waren: Die Wissenschaft. Und die Wirtschaft.

Zuerst also die Wissenschaft. Ich hatte sie ja kennengelernt. Als Farce. Nun wollte ich sie von der Kleinlichkeit befreien, mit der die Wissenschaftler vorgingen. Mit einer weit ausholenden Geste, die an *Faust*, erster Akt erinnern sollte, öffnete ich die Fenster meines Arbeitszimmers, liess den Strassenlärm herein und begann ein monumentales Werk, *Das Kompendium des Wissens*: In einem einzigen Buch sollte das gesamte Wissen der Menschheit zusammengefasst werden. Drei Tage und Nächte lang schrieb ich ohne Pause. Am vierten Tag las ich alles durch, zerriss die Seiten und warf mich weinend aufs Bett: Ohne fremde Hilfe, ohne Geld, ohne Unterstützung konnte so ein gigantisches Projekt nicht Wirklichkeit werden. Ich beschloss, mich an die höchsten Stellen zu wenden, um Unterstützung zu beantragen. Schnell hatte ich drei Adressaten ausgewählt: Das Bundesministerium für Bildung und Wissenschaft in Bonn. Das Wissenschaftskolleg zu Berlin. Und die Forschungsstelle für ortsauflösende Messtechnik, FOM.

An alle drei schrieb ich einen gleichlautenden Brief. Um meinem Anliegen mehr Gewicht zu verleihen, änderte ich meinen Namen in Dr. John Horz. Es war nur eine von zahllosen Namensänderungen, die ich in meinem langen Leben vorgenommen habe. Wohl auch, um den guten Ruf meiner Familie zu schützen. Denn ich hoffte zwar, grossen Ruhm zu ernten. Aber es war ja auch möglich, dass ich auf diesem neuen und noch niemals betretenen Weg scheitern und Schande über meinen Namen bringen könnte. Also musste ein neuer Name her ...

Diese Leichtigkeit in Namensdingen war mir in die Wiege gelegt worden. Ich hatte nach meinen vielen Onkeln und Patenonkeln nämlich gleich sechs Vornamen bekommen. Daraus konnte ich schon als Kind ganz nach Gelegenheit auswählen: Waren wir in Spanien zu Besuch, hiess ich Rafael. In Italien war ich Carlo. In Frankreich Gaston. So hiess ich nach meinem Urahn, dem weltberühmten Maler Gaston Lente. Warum meine Eltern mir so viele Namen gegeben hatten? Aus Exzentrizität und übergrosser Liebe, vermute ich. Eigentlich hätte ich gerne Felix geheissen. Aber Vornamen sind viel schwieriger zu ändern als Nachnamen. Kaum hatte ich mich zum Beispiel *Henry* genannt, oder: Kaum hatte ich mich einer Ballerina als *James* vorgestellt, kam zufällig ein alter Freund vorbei, der mir auf den Rücken schlug und mich *Rafael* nannte. Schon war ich enttarnt.

Irgendwann musste ich also auch *John* wieder aufgeben und mich mit meinem wirklichen Namen abfinden. Fürs Erste aber war ich John. »Dr. John Horz«, das klang nach dem sehr ehrgeizigen, sehr fleissigen Wissenschaftler, der ich nun sein wollte. Ich kaufte mir eine grosse, tropfenförmige Brille mit null Dioptrin, silbern gerandet, setzte mich erneut an meine Schreibmaschine und schrieb an die drei Institutionen folgenden formvollendeten Brief:

Berlin, 17. Juli 1994

Sehr geehrte Damen und Herren,
hiermit möchte ich Ihnen ein Projekt vorstellen,
an dem ich bereits seit geraumer Zeit arbeite:
Das Kompendium des Wissens.
In diesem Kompendium ist auf 1000 Seiten
(100 Kapitel, mit zahlreichen Fotografien) das gesamte
Wissen der Menschheit zusammengefasst.
Das Kompendium bündelt alle wissenschaftlichen
Erkenntnisse und Zusammenhänge.
Ich bitte Sie, mir für die Durchführung bzw.
Publikation dieses Projektes finanzielle Unterstützung

zuzuerkennen bzw. mir die Bedingungen für die Vergabe von Fördergeldern mitzuteilen.
Mit freundlichen Grüssen
Dr. John Horz

Die Antworten auf diesen raffinierten Brief liessen nicht lange auf sich warten. Zuerst antwortete die Forschungsstelle für ortsauflösende Messtechnik, FOM:

Sehr geehrter Herr Horz,
Ihren Brief haben wir mit grossem Interesse gelesen. Bedauerlicherweise können wir Ihrem Wunsch auf finanzielle Unterstützung leider nicht entsprechen. Wir sind ein gemeinnütziger Verein, der sich selbst über Fördermittel finanziert, die ausschliesslich für satzungsgemässe Zwecke verwendet werden können. Für die erfolgreiche Beendigung Ihrer anspruchsvollen Projekte wünschen wir Ihnen viel Glück und Erfolg.
Mit freundlichen Grüssen
Dipl.-Ing. Norbert Groth
Vorstand

Wütend zerriss ich den Brief. Schon am nächsten Tag erreichte mich die Antwort des Wissenschaftskollegs zu Berlin:

Sehr geehrter Herr Dr. Horz,
vielen Dank für Ihren Brief vom 17. Juli 1994. Leider kann ich Ihnen auf Ihre Anfrage jedoch keinen positiven Bescheid geben: das Wissenschaftskolleg lädt als Institute for Advanced Study jährlich rund vierzig hervorragende Wissenschaftler aus verschiedenen Disziplinen und Ländern zu einem zehnmonatigen

Forschungsaufenthalt nach Berlin ein. Um Stipendien oder finanzielle Fördermittel zu erlangen, müssten Sie sich an andere Stellen wenden; in Anbetracht Ihrer Projekte weiss ich Ihnen allerdings nicht zu raten, wohin.
Mit der Bitte um Verständnis und freundlichen Grüssen
i.A. Katharina Biegger

Heulend vor Wut warf ich mich auf den Boden, als es plötzlich an der Tür klopfte: Der Postbote brachte gleich noch einen Brief, die Antwort des Bundesministeriums für Bildung und Wissenschaft, Bonn. Neugierig riss ich den Umschlag auf und las:

Sehr geehrter Herr Dr. Horz,
Sie haben dem Bundesministerium für Bildung und Wissenschaft mit Ihrem Brief vom 17. Juli 1994 ein ›Projekt‹ vorgestellt. Allerdings haben Sie dieses Projekt nur in allerknappster Form geschildert, so dass man sich kein Bild davon machen kann, welche Arbeit und welcher Aufwand damit verbunden ist. Bei einer derartigen Unbestimmtheit des Gegenstandes ist es unmöglich, die Frage einer eventuellen finanziellen Förderung zu prüfen. Im übrigen geht es Ihnen offensichtlich darum, vorhandenes Wissen in bestimmter Weise darzustellen. Das ist eine Angelegenheit, die eher einen Verlag angeht als ein Ministerium.
Mit freundlichen Grüssen
Im Auftrag
Dr. Wilhelmi

Wieder und wieder las ich diesen Brief. Faltete ihn zusammen, steckte ihn in seinen Umschlag zurück, holte ihn wieder heraus, faltete ihn wieder auseinander und las ihn noch einmal ganz aufmerksam durch. Dann legte ich ihn vorsichtig auf meinen Mahagoni-Sekretär und sagte zu mir: »Wer auch immer Dr. Wilhelmi sein mag, Mann oder Frau oder Faun, diese Person hat recht. Ich muss einen Verlag anschreiben.«

Umständlich machte ich es mir auf meinem luxuriösen Arbeitsstuhl bequem, legte ein neues Blatt Papier in die Maschine ein und schrieb zum vierten Mal denselben Brief, diesmal an den Verlag *Volk und Wissen.*

Schon am nächsten Tag erhielt ich per Kurier die Antwort von Dr. Becher, dem Geschäftsführer des Verlags:

Sehr geehrter Herr Dr. Horz,
vielen Dank für Ihr Angebot. Die wenigen Zeilen, mit denen Sie die inhaltliche Seite des Kompendiums andeuten, sind allerdings für die Beurteilung zu wenig aussagekräftig.
Vielleicht lassen Sie uns einmal das Inhaltsverzeichnis und einen Probeabschnitt zukommen?
Mit freundlichen Grüssen
Dr. Becher
Geschäftsführer

Äusserlich liess ich mir nichts anmerken, innerlich jubelte ich. Wieder und wieder ging ich um meinen Mahagoni-Sekretär herum und murmelte dabei im Takt meiner Sandalenschritte: »Volk und Wissen – hat an-ge-bissen! Volk und Wissen – hat an-ge-bissen!«

Dann ging in der ganzen Wohnung das Licht aus.

Ich hatte es nämlich für klug gehalten, auch meinen lieben Eltern den Plan vom Kompendium des Wissens zu erläutern. Beziehungsweise hatte ich an sie denselben Brief geschickt wie an die drei Forschungsstellen. Mit der freundlichen Bitte, »die Bedingungen für die Vergabe von Fördergeldern« zu prüfen. Meine Exmatrikulation hatte ich in einem handgeschriebenen Zusatz beiläufig erwähnt. Als Reaktion darauf wurden die monatlichen Wechsel von zu Hause urplötzlich eingestellt. Als Reaktion darauf zahlte ich keine Stromrechnungen mehr. Als Reaktion darauf war es nun dunkel.

Diese Dunkelheit war allerdings nur ein Symptom, es ging ja um viel mehr. Diese Dunkelheit stand nicht nur für die Willkür der Stromfirma. Diese Dunkelheit stand für das Ende meines sorgenfreien Studentenlebens. Sie stand für das Ende der bezahlten Mietrechnungen und Restaurantbesuche, für das Ende der bezahlten Sonderurlaube und Forschungsreisen.

Einsam in meiner immer kälter und dunkler werdenden Küche sitzend, dichtete ich dieses traurige Lied:

Ade, ihr Sprachreisen nach Nizza und Cannes
An die Strände von Capri, Brighton und San Sebastian.

Aber auch Ade, Kompendium des Wissens! Ohne finanzielle Hilfe war dieses sehr anspruchsvolle Projekt zum Scheitern verurteilt. Mein zweiter Brief an den Verlag Volk und Wissen blieb unbeantwortet. Nur etwa dreissig Fotografien sind erhalten, mit denen ich die einhundert Kapitel des Kompendiums zu illustrieren gedachte. Ein kleines Zeugnis meines übergrossen Schaffens- und Geltungsdrangs.

Meine neue wissenschaftliche Karriere gemäss der Theorie des Dritten Weges sollte nun für über zwei Jahre unterbrochen bleiben. Im Rückblick war dies aber kein Schaden. Es war sogar ein Gewinn:

Saepe via obliqua praestat quam tendere recta: Oft ist es besser, einen Umweg zu nehmen als den geraden Weg.

Und der beste Umweg ist der Dritte Weg.

KAPITEL 5

Zum ersten Mal in meinem Leben musste ich nun Geld verdienen. Nur wie ich das anstellen sollte, wusste ich nicht.
Bei einem Spaziergang Unter den Linden bemerkte ich einen grossen Auflauf von Menschen, die wild gestikulierend und hütewerfend vor einem riesigen Anschlag standen. Neugierig bahnte ich mir einen Weg durch die aufgebrachte Menge und las: »Paketfahrer gesucht. Interessenten melden sich heute um 15 Uhr in der Zentrale der Paketpost.«

Wenige Stunden später übergab ich in der Paket-Zentrale in der Tucholskystrasse einem blau uniformierten Postbeamten meine Urinprobe. Schnell wurde ich noch in ein sparsam beleuchtetes Hinterzimmer geführt und auf die damals weit verbreitete Rot-Grün-Blindheit getestet. Als erwiesen war, dass ich weder krank noch blind war, bekam ich von der Arzthelferin einen kleinen von Hand bekritzelten Zettel zugesteckt: »Bitte melden Sie sich morgen um 6.30 Uhr in der Paketfahrer-Ausbildungszentrale.«

Hier, in der Skalitzer Strasse 55, begann am nächsten Morgen meine umfassende Ausbildung zum Paketfahrer der Deutschen Post.

Zunächst mussten wir Aspiranten alle Postleitzahlen Deutschlands auswendig lernen. Dann erhielten wir eine Schulung für die richtige Schreibweise von Telefonnummern.

Wie ich schnell durchschaute, ging es um die Aufteilung von Zahlenreihen in Zahlenblöcke, hauptsächlich Zweier- und Dreierblöcke. Ich fand diese Schulung so sinnvoll und habe sie so verinnerlicht, dass ich auch heute noch, trotz meines hohen Alters, sehr traurig werde, wenn ich falsch unterteilte Telefonnummern sehe, zum Teil sogar auf Visitenkarten von hochgestellten Bankern und Politikern.

Für die Auslieferung meiner Pakete bekam ich fünf Strassen im Bezirk Prenzlauer Berg zugewiesen. Die erste Woche fuhr ich gemeinsam mit meinem weisshaarigen Vorgänger. Er hatte über siebzig Jahre lang Pakete ausgefahren und freute sich nun unbändig auf seinen Lebensabend. Vorher musste er mich noch in die Geheimnisse des Paketfahrer-Amtes einweihen. Sie beschränkten sich allerdings auf den Rat, Pakete ab dem zweiten Stock grundsätzlich nicht hochzutragen, sondern einfach eine orangefarbene Benachrichtigungspappe in den Briefkasten zu werfen. Diese Technik wird im Paketfahrer-Jargon das »Pappen« genannt.

Als mein Lehrmeister sich davon überzeugt hatte, dass ich diese wichtige Lektion gelernt hatte und das Pappen schon nach kurzer Zeit so perfekt beherrschte wie alle übrigen Paketfahrer Berlins, drückte er mir fest die Hand, kniff mir ins Ohrläppchen und verabschiedete sich in den Ruhestand. Dann fuhr ich allein.

Der Beginn meiner Anstellung bei der Post überschnitt sich ungünstigerweise mit der Eröffnung eines kleinen Lokals in der Auguststrasse. Joy Wagner und ihre Freundin Nina hatten dort einen Raum gemietet, der nur Fenster hatte, aber keine Tür. Man musste über einen Stuhl, der auf dem Bürgersteig stand, in das Lokal hineinklettern. An den Wänden hingen fünftausend Metallbügel aus der Hemden-Reinigung, die mit fluoreszierender Farbe bestrichen waren. Eine Schwarzlichtlampe war die einzige Lichtquelle.

An den Wänden leuchteten die Bügel, die Bar hiess die *Bügelbar*.

Als wir gerade damit beschäftigt waren, die letzten der fünftausend Bügel an die Wand zu tackern, klopfte es heftig am Eingangsfenster. Ich öffnete, draussen stand ein Mann im Nadelstreifen-Anzug. Es war Judy Lybke, der hundert Meter weiter gerade seine Galerie eröffnet hatte und kurze Zeit später mit den Gemälden der Neuen Leipziger Schule unermesslich reich werden sollte.

»Was machen Sie da?«, fragte er neugierig.

»Wir tackern Bügel an die Wände!«

»Ach so! Sieht gut aus! Sehr interessant! Sehr modern! Auf Wiedersehen!«

Wir lehnten uns aus dem Fenster, um ihm hinterherzuwinken, dabei bemerkten wir, dass der exzentrische Galerist keine Schuhe trug. Als er ein paar Schritte gegangen war, bückte er sich, rupfte ein Büschel Gras aus einer Ritze im Bürgersteig und steckte es sich ans Revers.

Die Paketzentrale, in der meine Liefertour morgens begann und abends endete, lag in der Tucholskystrasse, im riesigen Karree zwischen Ziegelstrasse und Oranienburger Strasse. Einige Jahre später zogen hier zwei sehr bekannte Nachtclubs ein, das WMF und das 103. Ein paar Mal wurde ich wehmütig, wenn ich später in diesen Clubs – wie immer regungslos – auf der Tanzfläche stand und mir plötzlich einfiel, wie ich genau hier, an dieser Stelle, mein gelbes Postauto mit Paketen beladen hatte, um sie dann fröhlich pfeifend auszufahren.

Und ganz in der Nähe dieses Ortes befand sich auch die Bügelbar. Kaum hatte ich also abends meine Lieferfahrt beendet, stand ich auch schon vor dem Eingangsfenster und kurz darauf an der Bar. Und weil es im Verlauf des Abends immer schwieriger wurde, aus dem Fenster wieder ins Freie zu klettern, blieb ich meistens gleich die ganze Nacht in der Bügelbar, lachend und singend, und ging morgens direkt von dort in die Paketzentrale.

Meine Unfallserie begann im Mai. Ich fuhr nach dem Ausliefern meiner Pappen und Pakete auf der Auguststrasse in Richtung Tucholskystrasse, um meinen Wagen in die Paketzentrale zurückzubringen. Vor mir fuhr ein ungefähr dreihundert Meter langer Reisebus, der plötzlich unsinnigerweise versuchte, in die sehr enge Gipsstrasse abzubiegen. Ungeduldig wie ich damals war, beschloss ich, nicht lange zu warten, sondern sofort, mit Vollgas, rückwärts, die Auguststrasse zurückzufahren, um auf anderem Wege zur Zentrale zu kommen. Auf einen Blick in den Rückspiegel verzichtete ich selbstverständlich.

Mein eigener Wagen blieb fast unbeschädigt, das Auto hinter mir war vollkommen entstellt. Atemlos blieb ich im Wagen sitzen und wartete ab. Ich habe nie verstanden, warum der Fahrer des anderen Autos nun aber nicht ausstieg, um mich zu beschimpfen, sondern hastig ein mobiles Blaulicht aufs Dach setzte, wendete und mit hoher Geschwindigkeit davonfuhr.

Ich dachte kurz nach, dann tat ich dasselbe, gab Vollgas und raste mit Höchstgeschwindigkeit davon, bis kurz vor die Paketzentrale, wo ich mein Auto untersuchte. Die hintere Stossstange war durch den Unfall nach oben gebogen. Wütend trat ich auf sie ein, um sie wieder herunterzubiegen, als plötzlich unser Fuhrpark-Meister vorbeikam. »Was machen Sie da, Sie irrsinniger Hund!«, rief er und humpelte heran. Erschrocken liess ich von der Stossstange ab und murmelte etwas von einem Poller, den ich im Rückspiegel übersehen hätte. Der Meister sah erst meine Stossstange an, dann mich. Dann humpelte er davon. Anscheinend hatte er mir die Geschichte abgenommen. Doch erstes Misstrauen war gesät.

Der zweite Unfall ereignete sich nur wenige Tage später. Nachdem ich, wie jeden Morgen, aus dem Fenster der Bügelbar geklettert und zur Arbeit gestolpert war, hatte ich meinen Wagen beladen und war mit hoher Geschwindigkeit in die Jablonskistrasse gerast. Dies war die erste der fünf Strassen, die man mir zugeteilt hatte. Wie sich schnell herausstellte, waren es ausgerechnet auch die fünf engsten Strassen Berlins.

Die Fahrerin des monströsen, motorisierten Dreirades, das mir in der Jablonskistrasse nun entgegenkam, schien dies leider nicht zu wissen. Sie stand mit ihrem Gefährt genau in der Mitte der schmalen Fahrrinne, als ich nach Ablieferung meiner orangefarbenen Pappen gerade zum Auto zurückschlenderte.

»Paketbote!«, schrie sie mir durch das Geknatter ihres Gefährts zu. »So komme ich nicht vorbei! Fahren Sie weiter rechts ran!«

Das wollte ich gerne tun. Die grosse Schiebetür an der rechten Seite meines Wagens liess ich dabei klugerweise offen stehen. Damit steigerte ich die Breite meines ohnehin schon sehr sperrigen Kastenwagens nochmals um mindestens zwanzig Zentimeter.

Ich fuhr also weiter nach rechts – der Fahrerin war es noch nicht genug. Ich setzte noch ein Stück nach rechts – es war ihr immer noch nicht genug! Ich fuhr noch ein wenig weiter nach rechts – sie warf fassungslos die Hände in die Luft: Immer noch viel zu wenig Platz!

Wütend kurbelte ich nun mein Lenkrad bis zum Anschlag nach rechts, gab Vollgas und hörte, wie meine ausgefahrene Seitentür zuerst drei oder vier Autos vollständig zerschrammte und dann abfiel.

Um die Sache nicht komplizierter zu machen, als sie ohnehin schon war, sprang ich aus dem Wagen, sammelte meine Schiebetür auf und warf sie in den Laderaum. Dann fuhr ich mit quietschenden Reifen zu einem Freund, der einen grossen Werkzeugkoffer besass. Fünf Stunden später hatten wir die Schiebemechanik wiederhergestellt. Was ich an diesem Abend dem Fuhrpark-Meister über die verschrammte Seitentür erzählte, weiss ich nicht mehr. Ich weiss nur noch, dass er mir nicht glaubte.

Mein dritter Unfall, einige Wochen später, verlief sehr schnell, mit medizinischer Präzision. Ich fuhr – mit Höchstgeschwindigkeit – in Richtung Paketzentrale, voller Vorfreude auf den verdienten Feierabend. Ich hatte an diesem Tag an die einhundert Pappen eingeworfen und war wirklich sehr erschöpft. In der linken Hand hielt ich ein Glas Limonade, in der rechten ein Kreuzworträtsel, und in den Mund hatte ich mir eine kleine Tabak-Pfeife gesteckt. Ich raste also die schnurgerade Greifswalder Strasse entlang, als sich vor mir ohne jede Vorwarnung eine Baustelle auftat. Zum Bremsen war es zu spät, es blieb nur noch das Herumreissen des Steuers. Meine Geistesgegenwart rettete den Grossteil des Postwagens, bis auf den unnatürlich weit auskragenden rechten Aussenspiegel. Er wurde vom Metallgitter der Baustellenabsperrung regelrecht geköpft.

Mit einer Vollbremsung brachte ich den Wagen zum Stehen und überlegte kurz, ob ich aussteigen und den abgetrennten Aussenspiegel aufsammeln sollte. Dann trat ich aber mit voller Wucht aufs Gaspedal und fuhr mit laut aufheulendem Motor direkt in die Zentrale. Direkt in die Arme des Fuhrpark-Meisters. Der Fuhrpark-Meister liebte unsere Paketwagen, und ganz besonders liebte er die Aussenspiegel unserer Paketwagen. Sie waren beheizbar und elektrisch verstellbar, mithilfe eines kleinen Stäbchens auf dem Armaturenbrett.

»Diese beheizbaren und elektrisch verstellbaren Aussenspiegel sind sehr wertvoll!«, schrie der Fuhrpark-Meister. »Sie kosten ungefähr viertausend Mark!«

Anscheinend war er sehr aufgeregt, und er versuchte, beim Schreien mein rechtes Ohr zu greifen, wohl um mir die Arbeitsweise des verstellbaren und beheizbaren Aussenspiegels zu verdeutlichen. »Beim nächsten Unfall sind Sie gefeuert!«, schrie er, vollkommen ausser sich.

Interessiert betrachtete ich den tobenden Fuhrpark-Meister, dann die drei dünnen Kabel, die aus einem Loch in der Aussenwand des Wagens hingen – dort, wo normalerweise der Spiegel befestigt war. Wieder war es meine unnatürliche Schüchternheit, die mich kein Wort hervorbringen liess. Aber ich hatte verstanden, dass ich von nun an noch vorsichtiger fahren musste.

Als ich am nächsten Morgen nach durchwachter Nacht zitternd aus dem Fenster der Bügelbar kletterte, ging ich daher als Erstes zum Bäcker gegenüber, trank vier oder acht Tassen Kaffee und schlich dann, wobei ich ganz besonders aufmerksam einen Fuss vor den anderen setzte, in die Paketzentrale. Auch das Einladen der Pakete erledigte ich sehr gewissenhaft. Vor dem Anfahren überprüfte ich noch mehrfach das fehlerlose Arbeiten des über Nacht erneuerten beheiz- und verstellbaren Aussenspiegels. Dann fuhr ich mit halber Schrittgeschwindigkeit aus der Zentrale heraus. Für meine Liefertour brauchte ich diesmal viermal so lange wie gewöhnlich. Ständig schaute ich in den beheizbaren Aussenspiegel, blinkte vor dem Abbiegen, beachtete selbst Radfahrer und ältere Menschen, die meine Wege kreuzten. Ich war so beflissen, dass ich sogar einige Pakete auslieferte, für die ich bis in den dritten oder vierten Stock steigen musste!

Allerdings war ich dann schon gegen Mittag so erschöpft und müde, dass ich überhaupt nicht mehr wusste, wo mir der Kopf stand. Als ich vor einem besonders schönen Haus in der Winsstrasse hielt und mit meinem Päckchen zur Haustür torkelte, fiel mir aber immerhin auf, dass ich den Namen auf diesem Päckchen, Natascha Glowny (oder hiess sie Glawny?), in dieser Woche doch nun schon das sechste Mal las! Und immerhin fiel mir nun auch endlich auf, dass diese sehr schöne Frau Glawny oder Glowny mir ja nun schon fünfmal in dieser Woche im Bademantel die Tür geöffnet hatte, eingehüllt in eine Wolke aus Dampf und Parfüm. Und nun fiel mir auch wieder ein, dass diese Frau Glowny oder Glawny mich gestern ja sogar gefragt hatte, ob ich nicht hereinkommen und mich etwas ausruhen wollte! »Kommen Sie doch herein und trinken Sie ein Glas Wasser, Sie sind ja ganz erschöpft, Sie Ärmster«, hatte sie gesagt. Und dabei mit dem Kopf in Richtung Schlafzimmer gedeutet, in dem ich ein sehr grosses Bett mit riesigen, dicken Decken und Kissen erspähte. Und ich, unerfahren wie ich war, mit noch sehr ungeschärften Sinnen für die subtilen Zeichen und die versteckten Andeutungen der Frauen, hatte nur wahrheitsgemäss geantwortet: »Vielen Dank, aber in meinem Lieferwagen habe ich noch eine ganze Flasche Apfelsaft.«

Heute aber war ich so müde und erschöpft, dass ich beschloss, die Situation schamlos auszunutzen! Kaum hatte die junge und sehr schöne Frau Glowny also dampfend die Tür geöffnet, stürmte ich an ihr vorbei, riss mir die Kleider vom Leib und warf mich aufs Bett. Ich hatte nur eines im Sinn: Ich wollte schlafen! In diesem riesigen, wunderbar bequemen Bett! Dann wurde mir schwarz vor Augen.

Als ich wieder erwachte, war es draussen schon dunkel. Madame Glawny lag neben mir auf dem Bett, ihren Kopf auf die rechte Hand gestützt, und betrachtete mich lächelnd. Zu meinem Entsetzen war sie völlig nackt!

»Was ist passiert?«, rief ich und versuchte, mich aufzurichten, aber Madame Glowny legte ihre Hand auf meine Schulter und drückte mich zärtlich zurück aufs Bett.

»Schschsch ..., es ist alles gut, es ist alles gut ...«, sagte sie leise, dann bot sie mir eine ganz dünne, ganz lange Zigarette an: »Ich habe leider nur diese albernen Damenzigaretten ...«

»Wie lange bin ich schon hier?«, fragte ich nach den ersten Zügen, während ich die sanft gewellten dunklen Haare bewunderte, die Madame Glawnys schön gezeichnetes Gesicht umrahmten.

»Seit sieben oder acht Stunden«, lächelte sie. »Und nun erzähl mir doch mal, wo du das alles gelernt hast ...«

»Was alles ..., was gelernt ..., was meinen Sie denn?«, fragte ich, ahnungslos. Doch dann dämmerte mir, was sie gemeint haben könnte. Die heimliche Lektüre der *Lady Chatterley*, unter dem Pult, im Seminar von Professor Heu, war anscheinend doch nicht ganz nutzlos gewesen.

»Du weisst schon, du weisst schon, du sehr ungezogener Junge ...«, flüsterte Madame Glawny und strich mit der Spitze ihres Zeigefingers über meine Wange.

»Meinst du vielleicht DAS hier?«, rief ich, wirbelte sie herum und beglückte sie auf so unerhörte Art, dass sogar Lady Chatterley vor Scham errötet wäre.

Tief in der Nacht kam ich in der Paketzentrale an, parkte vorsichtig meinen Wagen ein und schlich zum Hofausgang, erleichtert, dass dieser Liefertag dank meiner vorsichtigen Fahrweise so gut verlaufen war. Ausserdem war ich ein wenig verliebt.

»Kommen Sie doch nochmal her!«, gellte es plötzlich über den Wagenhof, als ich gerade das Ausgangstor öffnen wollte. Im selben Moment schalteten sich riesige Flutlichter ein, die den Hof taghell erleuchteten. Erschrocken drehte ich mich um und blinzelte blass in die riesigen Scheinwerfer.

»Kommen Sie doch GANZ kurz nochmal zurück!«

Als sich meine Augen an das gleissende Gegenlicht gewöhnt hatten, erkannte ich, wer da an meinem Wagen stand und brüllte – überflüssigerweise in ein übergrosses Megaphon. Es war, natürlich, der Fuhrpark-Meister.

»Können Sie mir erklären, was das hier ist?«, schrie er, als ich näher gekommen war, und zeigte dabei auf die grosse Flügeltür am Heck meines Kastenwagens. Ungläubig starrte ich in die Richtung, in die der Meister deutete. In der rechten Tür meines grossen gelben Wagens, ganz oben, in drei Metern Höhe, klaffte ein melonen- wenn nicht sogar medizinballgrosses Loch. An den Rändern des Lochs hingen Glasfaserfetzen herab.

Interessant, dachte ich, der Kasten meines Kastenwagens besteht aus Glasfaserkunststoff. Sagen konnte ich wie üblich nichts. Woher das grosse Loch kam, wusste ich nicht. Ich wusste nur, dass meine Karriere bei der Deutschen Post mit diesem Loch beendet war.

KAPITEL 6

Als ich frühmorgens zu Hause eintraf, beschloss ich, diesmal einfach nicht zu weinen. Natürlich, ich hatte mir wieder einmal glänzende Zukunftsaussichten verbaut. Irgendwann wäre ich dank meiner überragenden Fähigkeiten auf dem Gebiet des Pappens sicherlich zum Ober-Paketboten befördert worden. Aber grossen Reichtum hätte ich wahrscheinlich nicht einmal auf diesem Chefposten erworben.

Ausserdem war ich ja neuerdings verliebt: »Frauen sind etwas Wunderbares«, sagte ich laut zu mir selbst, »noch wunderbarer als Geld!« Beim Einschlafen beschloss ich, gleich am nächsten Morgen Madame Glowny zu besuchen, um mich ein wenig bemitleiden zu lassen.

In dieser Nacht träumte ich sehr gut. Nachdem ich den üblichen Teil, bestehend aus Geldbörse, Bindfaden und Möwengeschrei, abgehakt hatte, erschien angenehmerweise Madame Glawny, die mit mir Dinge anstellte, von denen selbst ich noch nicht gehört oder gelesen hatte.

Gegen fünfzehn Uhr wachte ich auf, badete und spazierte dann sofort in die Winsstrasse, zu Madame Glowny. Ich stieg die zwei Treppen hinauf, prüfte den korrekten Sitz meiner Kleidung und klingelte.

Die Tür öffnete sich, zum Vorschein kam – ein Mann!

»Wer sind Sie?«, rief ich wütend.

»Dr. Glawny!«, antwortete Dr. Glowny, ebenfalls wütend. »Und wer sind Sie?«

»Der Paketbote natürlich!«, sagte ich, was ja so gut wie gar nicht gelogen war.

»Ach, sieh mal einer an!«, sagte Dr. Glawny, überlegen lächelnd. »Und wo ist dann Ihr Paket, Sie Paketbote?«

Ratlos schaute ich an mir herunter, kramte mehrere Minuten lang in meinen Hosentaschen, untersuchte auch meine beiden Handflächen sehr genau, dann sah ich Dr. Glowny an und sagte: »Dimenticato!«

Dr. Glawny zückte eine Reitgerte und liess sie pfeifend in meine Richtung sausen, ich konnte gerade noch ausweichen!

»Verschwinden Sie, und lassen Sie sich hier nie wieder blicken!«, schrie er. »Übrigens ist heute Sonntag, Sie Idiot!«

Natürlich hatte er recht, sonntags werden keine Pakete ausgeliefert. Trotzdem fühlte ich mich sehr, sehr schlecht behandelt. Ich nahm mir fest vor, es Dr. Glowny beizeiten heimzuzahlen.

Zu Hause leerte ich zum ersten Mal seit Wochen den Briefkasten. Ich hatte meinen Wohnsitz ja zwischenzeitlich in die Bügelbar verlegt. Neben zahllosen Mahnungen und Drohbriefen fand ich ein Kouvert von meiner Tante aus Baden-Baden. Jetzt fiel mir ein, dass ich auch dieser Tante vor ein paar Monaten den Plan vom *Kompendium des Wissens* erläutert hatte. Und dass ich auch sie gebeten hatte, »die Bedingungen für die Vergabe von Fördergeldern« zu prüfen. Im Kouvert fand ich nämlich ein dickes Geldbündel. Und als wäre das noch nicht genug, hatte meine Tante auch gleich noch den Schlüssel zu ihrem alten Sportwagen dazugelegt, der seit acht Jahren in einer Werkstatt in Karlsruhe lagerte. Sofort löste ich ein Bahnticket erster Klasse und fuhr hin.

Auf dem Rückweg, auf der Autobahn von Karlsruhe nach Berlin, fasste ich einen kühnen Entschluss: Ich wollte meine wissenschaftliche Karriere gemäss der Theorie des Dritten Weges fortsetzen. Aber nicht etwa nur mit einem Buch, und sei es auch so epochal wie *Das Kompendium des Wissens*. Sondern mit einer ganzen Hochschule. Natürlich wollte ich nicht an meine alte Hochschule zurückkehren. Ich wollte kein Student mehr sein. Ich wollte Direktor sein. Direktor an meiner eigenen, von mir persönlich gegründeten Hochschule!

Tränen des Respekts vor diesem mutigen Plan stiegen mir in die Augen, als ich den Kaiserdamm hinunter in die Stadt jagte. Und doch sollte es noch über ein Jahr dauern, bis ich ihn umsetzen konnte.

Denn ich war sprunghaft. Ständig schossen mir neue Ideen durch den Kopf. Als ich am Schaufenster einer grossen Galerie vorbeifuhr, drosselte ich das Tempo. Im Innern stand ein grosser Bollerwagen aus Holz, sonst nichts. Ich musste an Buñuels Film *Das goldene Zeitalter* denken, in dem genau so ein Bollerwagen während eines Festmahls durch einen Rokoko-Saal rumpelte. Mich interessierte jetzt aber etwas ganz anderes: War es wirklich so einfach? Reichte es wirklich aus, Dinge in eine Galerie zu stellen, damit sie Kunst werden? Man müsste es ausprobieren. Man müsste an einen beliebigen Raum ein Schild mit der Aufschrift »Galerie« schrauben, beliebige Dinge hineinstellen und sehen, ob jemand bereit war, einem dafür Geld und Anerkennung zu geben.

Als ich, verstiegen in derartige Gedanken, ziellos durch Berlin-Mitte kurvte, fiel mir plötzlich ein riesiges Gebäude auf, das einmal sehr schön gewesen sein musste. Nun war es eine

Ruine. Bauarbeiter waren damit beschäftigt, Holzbalken und Schutt durch die leeren Fenster in den Innenhof zu werfen.

Interessiert stieg ich aus und kletterte durch das Gerümpel. Die Wände des Hofes waren über und über mit bunten Kacheln verziert. Am Durchgang zum nächsten Hinterhof erschienen plötzlich zwei auffällig gekleidete Studenten. Beide hatten Schnurrbärte. Der eine trug gelbe Gummistiefel und einen roten Plastikmantel mit grossen weissen Punkten. Die Kapuze hatte er aufgesetzt und fest verschnürt, obwohl es nicht regnete. Er sah aus wie ein Fliegenpilz. Der andere Student trug eine Schirmmütze, oder genauer gesagt nur den gelben durchsichtigen Schirm einer Schirmmütze. Dazu blaue Bermuda-Shorts, weisse Tennissocken, Segelschuhe und ein pastellgelbes Polohemd. Über seine Schultern hatte er einen roten Pullover geworfen und die Ärmel auf der Brust verknotet. Als sie mich sahen, kamen sie näher. Der Kleinere mit dem roten Regenmantel kletterte über den Schutt, der überall herumlag, in meine Richtung. Dabei winkte er die ganze Zeit und rief »Hallo!« oder »Hallo du!«.

Als er vor mir stand, streckte er mir lächelnd die linke Hand entgegen. Ich nahm sie und schüttelte sie freundlich. Dabei bemerkte ich, dass sich sein Schnurrbart auf der einen Seite gerade ablöste und nun schief über den Mund hing. Dann sah ich, dass dieser Schnurrbart aus Jeans-Stoff war. Ich war sehr erstaunt.

»Guten Tag«, sagte der Student und versuchte dabei, sich den Schnurrbart wieder anzukleben, »ich heisse Reimo, und das da drüben ist Franz!« Der andere Student gab mir nun auch die Hand. Auch sein Schnurrbart war aus Jeans-Stoff. Ausserdem trug er eine Hornbrille, eines der Gläser war mit hautfarbenem Tesaband beklebt. »Wir sind das Jeans Team«, erklärte er in einem unnatürlichen Singsang, »und wir machen Musik!«

Ich fand sie sehr aussergewöhnlich und spazierte mit ihnen durch die vielen Höfe des Gebäudes.

»Wisst Ihr eigentlich, was das hier ist?«, fragte ich sie.

»Ja, das sind die Hackeschen Höfe«, sagte Franz, »sie waren früher einmal sehr schön, und jetzt sollen sie wieder sehr schön werden, aber das kostet natürlich *sehr viel Geld!*«

Als er »*sehr viel Geld!*« sagte, rieb er Daumen und Zeigefinger direkt vor meiner Nase aneinander und machte ein verschwörerisches Gesicht. Ich wusste nicht genau, warum er das tat, fand es aber sehr interessant.

»Wir wollen hier einen Konzertsaal mieten«, sagte Reimo, »dann können wir dort Musik machen und andere moderne Sachen. Gemeinsam, verstehst du? Aber wir können den Vermieter nicht finden!«

Wir gingen aus dem Gewirr von Höfen wieder auf die Rosenthaler Strasse hinaus. Auch das Nachbarhaus hatte einen grossen Hinterhof. Dort entdeckten wir eine Treppe, die zu einer kleinen unterirdischen Turnhalle führte. Dieser Raum war zu mieten. Für 500 Mark im Monat. Sofort unterschrieben wir den Mietvertrag.

Am nächsten Tag brachte ich ein paar Freunde mit in die Turnhalle, auch Franz und Reimo brachten Freunde mit, insgesamt waren wir zehn Leute. Wir setzten uns auf die Turnmatten, die noch auf dem Boden lagen, dann erläuterte ich meinen Plan:

»Wir nennen diese Halle *Galerie Berlintokyo* und stellen hier japanische Künstler aus!«

Alle fanden den Vorschlag interessant, aber ich merkte, dass es auch Zweifel gab. Schliesslich sagte Reimo:

»Aber wir kennen überhaupt keine japanischen Künstler! Du vielleicht?«

»Nein«, sagte ich. »Das macht aber auch nichts. Wir denken uns die Künstler aus und hängen einfach *irgendwas* an die Wände.«

Das überzeugte die anderen sofort. Applaus brandete auf. Alle waren begeistert, allerdings aus ganz verschiedenen Gründen. Mein Plan war es, die Idee Kunst mithilfe fiktiver japanischer Künstler als obsolet blosszustellen. Reimo und Franz planten, bei den Vernissagen der fiktiven japanischen Künstler ihre neuartige Musik vorzuführen. Nina und Joy planten, bei diesen Vorführungen Getränke zu verkaufen, die Bügelbar war nämlich kurz zuvor von der Polizei geschlossen worden. Tom und Peer fanden, dass die Galerie auch ein guter Ort wäre, um ihre Filme zu zeigen. Jakob freute sich darauf, die Einnahmen der Galerie zu verwalten. Lars und Lutz redeten nie ein Wort. Wir hielten sie damals für Software-Entwickler, die sehr viel Geld in Amerika verdient hatten. Irgendjemand – möglicherweise war ich es sogar selbst gewesen – hatte das erzählt, und alle hatten es hinter vorgehaltener Hand weitererzählt. Lange Zeit später erfuhren wir, dass sie in Wirklichkeit Künstler waren und an riesigen Gemälden von Flugzeugen und Zementsäcken arbeiteten.

Die nächsten Wochen waren wir damit beschäftigt, die Turngeräte zu verkaufen, die noch in der Halle gestanden hatten, die Wände zu weissen und einen neuen Fussboden in die Räume zu giessen. Reimo hatte ein grosses kreisförmiges Schild aus Jeans-Stoff genäht, und mit silbernen Nieten »Galerie Berlintokyo« darauf geschrieben. Die Eingangstür wurde pink gestrichen und das Jeans-Schild aufgeschraubt. Eine Musikanlage wurde angeschafft, eine Videowand aus sechzehn Monitoren errichtet, Flyer wurden gedruckt und die Presse über die anstehende Eröffnung informiert. Sie griff das Thema der japanischen Galerie in Berlin sofort auf. Schon vor der Eröffnung hatten alle wichtigen Zeitungen grosse Artikel gedruckt. Interviewanfragen an Masahiro Sugimoto, den ersten ausstellenden Künstler, wies ich ab. »Herr Sugimoto ist sehr publikumsscheu, wir bitten Sie, dies zu respektieren«, sagte ich den anrufenden Reportern in barschem Ton.

Den Namen Masahiro Sugimoto hatte ich von einem japanischen Freund geborgt, mit dem ich einmal die Sprachschule Torre di Babele in Rom besucht hatte.

Im Lebenslauf, den wir zur ersten Ausstellung auslegten, war zu lesen, dass der Künstler 1972 geboren worden war, an der Chiba University in Tokyo studiert hatte und in Japan schon ein recht grosser Star war. Das Internet war damals glücklicherweise ja noch nicht erfunden.

Woraus bestand aber nun die Ausstellung dieses fiktiven Genies? Ein Föhn war zu sehen, ein Suppentopf, ein kleiner Fernseher, eine Kaffeemaschine, ein Toaster – kurz gesagt, mein kompletter Hausstand, sorgfältig auf weissen Podesten arrangiert, mit Strahlern fachgerecht ausgeleuchtet. Die einzige Neuerwerbung waren zwei japanische Ess-Stäbchen und eine japanische Sake-Kanne.

Franz und Reimo hatten sogar ein japanisches Mädchen, das sie auf der Rosenthaler Strasse kennengelernt hatten, dazu überredet, für die Vernissage Sushi zuzubereiten. Es sollte alles sehr authentisch wirken.

Dann kam der Abend der Eröffnung.

Dank der guten Pressearbeit bildeten sich schon kurz nach zwanzig Uhr riesige Besucherschlangen vor unserer Galerie. Ganz Berlin war erschienen. Christoph Schlingensief betrachtete nachdenklich die Exponate. Rainald Goetz kam, sah, lachte schrill und machte sich Notizen. Alec Empire stand mit schwarzen Lidschatten in einer Ecke, neben ihm die japanische Sängerin seiner Band *Atari Teenage Riot*, die sich rote und weisse Blitze aufs Gesicht gemalt hatte. Reporter aller wichtigen Zeitungen waren gekommen. Dazu viele hundert gutaussehende Studentinnen und Studenten. Und als interessanteste Erscheinung mein späterer Mitbewohner Heinrich, der vollbärtig, auf Stilettos und mit riesigen Juwelen an den Ohren die Räume inspizierte.

Nach einer Stunde war die Ausstellung ausverkauft.

Dann begann die Eröffnungsparty. Franz und Reimo hatten eine durchsichtige Plastik-Kugel konstruiert, in der sie ihr Konzert geben wollten. Als sie die vielen Besucher sahen, bekamen sie Angst um ihr Konstrukt und trugen es in den Nachbarkeller. Das Konzert wurde von dort mit einer Kamera auf unsere grosse Video-Wand übertragen. Sie spielten auf elektronischen Instrumenten, wie ich sie noch nie gesehen hatte, wahrscheinlich waren sie selbst gebaut. Dazu sangen sie mit klagender Stimme:

Ich steh im Regen, unter einem Dach
Ich habe eine Flöte mitgebracht

Plötzlich sah ich, wie Alec Empire zum Verstärker rannte und alle Knöpfe bis zum Anschlag nach rechts drehte. Es war unerträglich laut. Alle waren begeistert.

Die Eröffnung war ein sehr grosser Erfolg. Ganz Berlin sprach nur noch von der interessanten japanischen Galerie am Hackeschen Markt. Und ganz Berlin wurde von einer Japan-Hysterie erfasst. Die Studentinnen trugen T-Shirts mit japanischen Schriftzeichen, überall eröffneten Geschäfte für japanische Mode, DJs spielten plötzlich nur noch japanische Popmusik.

Begeistert plante ich weitere Ausstellungen von angeblichen japanischen Künstlern: Hitoshi Ikeda, Kenzo Ueno, Shigeo Maki ... Alle waren grosse Erfolge. Für die Ausstellung von Hitoshi Ikeda fuhren wir extra nach Düsseldorf und kauften im dortigen japanischen Kaufhaus hunderte von Bonbon- und Chipstüten, die wir dann an die Galeriewände nagelten. Wir verkauften sie für zweihundert Mark das Stück.

Als Nächstes plante ich die Ausstellung eines angeblichen Araki-Schülers. Ich rief Ben de Biel an, den Besitzer des Nachtclubs Maria, ich wusste, dass er einmal in Tokyo gewesen war.

»Nicht ganz«, sagte er mir am Telefon, »ich war in Hong Kong, aber ich habe viele schöne Fotos gemacht, den Unterschied bemerkt kein Mensch!«

Sämtliche Fotos wurden noch am Eröffnungsabend verkauft.

Auch das musikalische Programm zu unseren Veranstaltungen war bemerkenswert. Tom hatte auf einem Hinterhof einen grossen Koffer voller Schallplatten gefunden, daraus griff er immer zwei wahllos heraus, liess beide gleichzeitig abspielen und warf sie dann gegen die Wand. Eines Tages war der Platten-Koffer leer. Franz und Reimo luden nun ständig neue Musiker zu den Vernissagen und Finissagen ein, einmal sogar einen chinesischen Strassenmusiker mit einer einsaitigen Gambe. Irgendwann gab es keinen einzigen ernstzunehmenden Musiker oder DJ mehr in Berlin, der noch nicht bei uns aufgetreten war. Eine bekannte Musikzeitschrift nannte die Galerie später den »Nucleus der deutschen Experimentalmusik der neunziger Jahre«. Wenige Monate nach der Eröffnung stiess dann noch ein hochbegabter Musiker zum Kern der Galerie, Vredeber. Später wurde er Pianist bei der Gruppe Blumfeld.

Blumfeld war damals meine Lieblingsgruppe. Tagelang lag ich Pralinen essend auf meiner Chaiselongue und lernte ihre Texte auswendig. Als die Gruppe in Berlin auftrat, ging ich zum Konzert. Jochen Distelmeier sang:

Weisst Du noch, unter der alten Brücke
Wir hatten uns so fest geschworen
Anders zu sein
Als die Leute in ihren Büros.

Dazu trug er eine Latzhose. Ich war überwältigt. Dies war eine neue Form von Intelligenz. Auf einer ganz neuen Ebene, die ich auch gerne erreichen wollte. Nach dem Konzert ging ich mit meiner guten Freundin Christiane Rösinger hinter die Bühne. Wir plauderten mit Alfred Hilsberg, dem Erfinder der Neuen Deutschen Welle. Als ich dann plötzlich vor Jochen Distelmeier stand, konnte ich nur auf die Träger seiner Latzhose starren und brachte vor Schüchternheit kein Wort heraus. Dann fing ich an zu weinen. Mitleidig kramte der Sänger in den Taschen seiner riesigen Latzhose und gab mir zum Trost zehn Mark. Glücklich ging ich nach Hause, las zweimal das Buch *Schnee im Frühling* von Yukio Mishima von vorn bis hinten durch und plante eine neue Berlintokyo-Ausstellung.

Eines Abends ging ich die Treppe zu unserer Galerie hinunter, es war die Vernissage irgendeines neuen vermeintlichen japanischen Künstlers. Unser Portier Conny Opper, der später einige der besten Berliner Nachtclubs, wie das Rio oder die Scala, gründen sollte, zwinkerte mir zu: »Es ist sehr gut, Rafi, geh schnell rein, du verpasst was!« Infernalischer Lärm schlug mir entgegen, als ich die Tür öffnete. Das Konzert der Golden Showers erreichte gerade seinen Höhepunkt: Der sehr dünne Sänger namens Razi stand am Mikrophon und schrie Unverständliches. Er war nur mit einer Babywindel bekleidet und trug dazu grosse schwarze Lackschuhe mit zwei aufgemalten weissen Hakenkreuzen. Genau in dem Moment, als er sich einen Eimer mit Schokoladen-Milchshake über den Kopf goss und die blonde Sängerin seine Windel mit den Zähnen zerriss, betrat der japanische Botschafter die Galerie. Ich hatte am Vormittag seinen Kulturattaché angerufen und ihm erklärt, wie schön es doch wäre, wenn der Herr Botschafter sich einmal unsere Galerie ansehen würde. Ich hatte ja nicht geahnt, was sich an diesem Abend dort abspielen würde. Der Botschafter blieb wie angewurzelt stehen, sah noch kurz zu, wie die Sängerin Razis Schuhe ableckte, und verliess dann entsetzt den Raum.

Die Galerie Berlintokyo war ein grosser Erfolg, in jeder Hinsicht. Aber plötzlich bekam der Erfolg eine Dynamik, mit der ich nicht gerechnet hatte: Täglich gingen Faxe von tatsächlichen japanischen Künstlern ein, die bei uns ausstellen wollten, denn auch in Japan war die Galerie plötzlich sehr bekannt geworden.

Dann fragten uns Menschen wie Schorsch Kamerun, ob sie nicht japanische Bilder bei uns ausstellen könnten. Auf seiner Vernissage, bei der Jochen Distelmeyer auflegte, stellte mir der grosse Verweigerungs-Künstler 4000 einen jungen Maler aus Hamburg vor, der »bestimmt einmal ganz berühmt werden« würde: Daniel Richter. Er war sehr nett. Dann plante Rainald Goetz zusammen mit Westbam eine Ausstellung mit riesigen Fotos in der Galerie.

Ich spürte, dass plötzlich alles in eine völlig falsche Richtung lief. Die »Galerie« war dabei, sich in eine Galerie zu verwandeln. Ich hatte ja nur ausprobieren wollen, ob uns wirklich jemand einen Föhn oder japanische Chipstüten als Kunst abnehmen würde. Dass es so einfach war, hatte ich nicht ahnen können. Ich war schockiert. Als dann Catherine David die Galerie auch noch zur documenta X nach Kassel einlud, informierte ich meine Freunde von meinem sofortigen Ausstieg.

Während sie auf der documenta in Kassel eine riesige Installation errichteten, liess ich in der Torstrasse 66 einen ehemaligen Tapetenladen zur *Wissenschaftsakademie Berlin* umbauen.

KAPITEL 7

Ein ganzes Jahr hatte ich vertan. Für eine Erkenntnis, die ich eigentlich schon längst gehabt hatte. Es war mir egal: *Saepe via obliqua praestat quam tendere recta.*

Fröhlich pfeifend schlenderte ich an diesem Frühlingsmorgen im Jahr 1997 die Torstrasse entlang, zu dem Ladengeschäft, das ich kurz zuvor angemietet hatte. Zwei bärtige Bauarbeiter waren damit beschäftigt, einen neuen Fussboden in die vorderen Räume mit den grossen Schaufenstern zu giessen.

»Guten Tag, Männer!«, schrie ich ihnen von weitem zu. Ich hatte mir damals gerade angewöhnt, ausschliesslich Anzüge zu tragen, um mir einen seriöseren Anstrich zu geben. Deswegen hielt ich mich jetzt aus Angst vor Estrichspritzern in übertrieben grossem Abstand.

»Guten Tag, Herr Direktor!«, riefen die Bauarbeiter zurück und lachten. Sie hatten meinen Plan, in diesen Räumen eine Akademie zu eröffnen, zwar verstanden, hielten ihn aber anscheinend für sonderbar. Weil ich ihnen dreimal mehr Lohn zahlte als in Berlin üblich, stellten sie jedoch keine Fragen und taten ihre Arbeit.

Dass sich die Wissenschaftsakademie Berlin einmal zu einer bedeutenden Institution entwickeln würde, an der Geistesgrössen wie Christian von Borries, Mateo Kries, Niklas Maak, Christian Kracht oder Hans Ulrich Obrist unterrichten sollten, war damals ja auch noch nicht abzusehen. Ausser von mir selbst. Nächtelang schrieb ich an einem Grundlagenpapier, in dem die Richtlinien der Wissenschaftsakademie festgelegt wurden:

Für den Erhalt eines Abschluss-Diploms mussten nur vier Seminare besucht werden. Denn ich hatte während meines eigenen Studiums bemerkt, dass ich den grössten Teil meines enormen Wissens ausserhalb der Hörsäle angehäuft hatte. Also sollten die Studenten meiner Akademie möglichst viel Freiraum für private Studien haben.

Ausserdem sollte jeder Student auch als Dozent auftreten und Seminare anbieten können.

Schliesslich sollte jeder Mensch ohne Beschränkungen an der Wissenschaftsakademie studieren können.

Und er sollte dies tun können, ohne dafür bezahlen zu müssen.

Berauscht von der unsagbaren Radikalität dieser Gedanken ging ich die nächste Aufgabe an: Für die Eröffnungsvorlesung musste ein Thema gefunden werden, das der Bedeutung dieses Ereignisses angemessen war.

Kurz zuvor hatte ich nach langen Monaten als Paketfahrer und angeblicher Galerist meine privaten Studien wieder aufgenommen, besonders auf dem Gebiet der Naturwissenschaften. Ich begann, mich sehr stark für Astronomie zu interessieren. Ich abonnierte die Zeitschrift *Sterne und Weltraum*, kaufte mir ein riesiges Fernrohr und verbrachte Wochen damit, mir eine Vorrichtung zu bauen, mit der ich den Sternenhimmel fotografieren konnte. Die Ergebnisse waren leider völlig unbrauchbar.

Dann wurde ich durch meine Studien auf das Phänomen der Schwarzen Löcher aufmerksam. Faszinierende Abbildungen tauchten immer häufiger in der Fachpresse auf. Eines Abends entdeckte ich im Wissenschaftsmagazin *Nature* einen Bericht über die Vermessung der Galaxie NGC4258. Der Zentralkörper dieser Galaxie besass den Angaben zufolge die 36millionenfache Masse unserer Sonne. Nur ein gigantisches Schwarzes Loch, so schrieb der Autor, könne eine derartige Massedichte erklären.

Überwältigt legte ich den Artikel aus der Hand und nahm meine ungeschliffene Brille von der Nase. Ich geriet an den Rand der Hysterie beim Versuch, eine derartige Massedichte zu begreifen.

Gleichzeitig kamen mir die Vorlesungen meines Lehrers Derrida in den Sinn. Ein Körper mit der 36millionenfachen Masse unserer Sonne, der ein Schwarzes Loch war. So schwer, dass seine Gravitation sogar Licht verschluckte. Eine schwarze Sonne also, die Lichtstrahlen verschluckte: War das nicht so gut wie identisch mit der Beobachtung Derridas, dass die Sonne kalt war!

Ich beschloss, die erste Vorlesung an meiner Akademie diesem Phänomen zu widmen. Sofort schrieb ich alle Sternwarten Berlins an: Die Wilhelm-Foerster-Sternwarte, die Archenhold-Sternwarte, das Zeiss-Grossplanetarium. Ich bat höflich darum, mir für die Arbeit unserer Akademie Fotografien von Schwarzen Löchern zuzuschicken. Doch keine Sternwarte hatte derartiges Material. Der Direktor des Zeiss-Grossplanetariums riet mir in einem freundlichen Brief, mich an das Institut für Planetenerkundung in der Rudower Chaussee zu wenden: »Dort wird man Ihnen helfen können.«

Doch dieses Institut reagierte nicht.

Also half ich mir selbst: Mit meiner Leica fotografierte ich die Abbildung der Galaxie NGC4258 ab, die kurz zuvor im *Spiegel* erschienen war, und vergrösserte in meiner Dunkelkammer nur das Zentrum des Fotos, das ganz schwarz war. Das Ergebnis war überwältigend. Ein komplett schwarzes Foto.

Dann bestellte ich bei der Firma Ilford Fotopapier im Format 100 x 100 cm. Um Fotopapier dieser Grösse zu belichten, baute ich meine gesamte Wohnung zum Fotolabor um. Alle Fenster wurden verdunkelt. Den Kopf meines Vergrösserers schraubte ich ab und montierte ihn auf eine zwei Meter hohe Klappleiter. Die Fotos entwickelte ich in drei mächtigen Becken, die ich aus Holzrahmen und dicker schwarzer Plastikfolie gebaut hatte. Das Ergebnis war sensationell. Riesige schwarze Quadrate mit einem feinen weissen Schriftzug, den ich beim Belichten am unteren Bildrand eingeblendet hatte: »NGC4258, Foto: Science Foto Library/Focus. Reproduktion: Wissenschaftsakademie Berlin 1997«.

Ich war so begeistert von der Qualität dieser Abzüge, dass ich drei Tage in Bad Saarow verbringen musste, um meine Nerven im dortigen Thermalbad zu beruhigen.

Zurück in Berlin, verfasste ich Briefe an Bundeskanzler Kohl, an Bundespräsident Herzog, an Oppositionsführer Schröder, an Bürgermeister Diepgen sowie an Forschungsminister Rüttgers, in denen ich sie darum bat, die Schirmherrschaft über die Akademie zu übernehmen und zur Eröffnung eine Ansprache zu halten. Ausserdem bat ich Claudio Abbado, mit den Berliner Philharmonikern am Eröffnungstag vor der Akademie Beethovens *Eroica* zu spielen. Die dafür notwendige Sperrung der Torstrasse hatte ich bereits beim Grünflächenamt Berlin beantragt.

Die Absage von Forschungsminister Rüttgers erboste mich

ganz besonders: »Sie werden Verständnis dafür haben, dass aufgrund eines solchen Schreibens keine Beteiligung des Ministeriums irgendeiner Art möglich ist.«

»Has litteras gallina scripsit«[1], murmelte ich wütend, als ich diesen hochnäsigen Brief in die unterste Schublade meines Mahagoni-Sekretärs warf. Zusammen mit den Absagen von Kohl, Herzog, Schröder, Diepgen und Abbado.

Dann kam der Abend der Eröffnung.

Im kleinen Seminarraum hatte ich die riesigen, schwarzen Vergrösserungen der Galaxie NGC4258 aufgehängt, im grossen Raum hatte ich einen Projektor aufgestellt, der einen viertelstündigen Dokumentarfilm mit dem Titel *Neutronensterne und Schwarze Löcher* abspielte. Es war eine beeindruckende Szenerie. In den Räumen und vor den Schaufenstern der Akademie sammelten sich Massen von Menschen, die neugierig auf die schwarzen Fotos und den projizierten Film starrten. Jedem Besucher händigte ich einen Anwesenheitsschein aus, verbunden mit dem Hinweis, dass nur drei weitere Scheine ausreichten, um ein Abschluss-Diplom dieser Akademie zu erhalten.

»Ist das hier eigentlich eine Art *Performance?*«, fragte mich misstrauisch ein schmächtiger Student, wobei er sich umständlich die Nase putzte. »Und diese schwarzen Quadrate, die erinnern mich an diesen Maler ... Kasimir ...«

»Nein«, erklärte ich ihm freundlich, »Sie sehen doch die Bildunterschriften, dies sind wissenschaftliche Fotografien. Und dies hier«, dabei drehte ich ihn sanft an den Schultern

1 »Diesen Brief hat ein Huhn geschrieben.«

herum, »dies ist ja auch keine Galerie, sondern ein Seminarraum. Und das, was hier in diesem Moment stattfindet, das ist ein Seminar, und für den Besuch dieses Seminars bekommen die Studenten diese Anwesenheitsscheine!«

Ich reichte ihm einen Schein und wies ihn auf einen Zusatz im unteren Teil hin: »Hier, lesen Sie doch, bitte!«

Stotternd las der schmächtige Student den Zusatztext auf dem Anwesenheitsschein: »Dieser Leistungsnachweis hat Gültigkeit an allen deutschen Hochschulen.«

Und tatsächlich ist mir nie ein Fall bekannt geworden, in dem ein Schein der Wissenschaftsakademie von einer anderen Hochschule nicht anerkannt worden wäre. Mit einem von mir selbst abgestempelten Diplom der Wissenschaftsakademie sollte ich es einige Jahre später sogar zu einer Design-Professur an der Universität Hamburg bringen. Mein Freund Moritz von Uslar verschaffte mir für die Dauer meiner Professur ein Zimmer im Hotel Atlantic. Das Hotel sah allerdings von aussen viel schöner aus als von innen. Und im Grunde war es mit der Professur genauso. Im Grunde war es sogar ein Fehler, als ehemaliger Direktor einer Akademie eine blosse Professur anzunehmen. Es war eine gute Erfahrung. Aber auch nicht interessanter als die Erfahrung, eine Zeitlang als Bäcker oder Tankwart zu arbeiten.

»Sehen Sie, es hat alles seine Richtigkeit«, beruhigte ich den zweifelnden Studenten, der sich nun auch die schwarzen quadratischen Galaxie-Fotos noch einmal ganz genau ansah. »Es sind wissenschaftliche Fotografien, und dies sind Scheine wie an jeder anderen Hochschule!«

Dann drehte ich mich zu den anderen Studenten, die um uns herumstanden, und sagte den vieldeutigen Satz: »Es ist wahr, diese Scheine sind tatsächlich genauso viel wert wie die Scheine an jeder anderen Hochschule auch!«

Begeistert rissen die Studenten mir die Papiere aus der Hand.

KAPITEL 8

Auch ich selbst war begeistert. In meinem schlechtsitzenden Anzug lief ich nun Tag für Tag vor der Akademie auf und ab, blinzelte in die Sonne, rauchte eine Zigarette nach der anderen und sagte zu mir selbst, meine Akademie betrachtend: »Dies Haus ist zwar nicht besonders gross, aber, wie Seneca sagt: *Potest ex casa vir magnus exire.* – Auch aus einer Hütte kann ein bedeutender Mann hervorgehen.«

Dann überlegte ich, wie ich die Ausstattung meiner Hochschule noch weiter verbessern könnte. Neues Mobiliar musste her, eine Bestuhlung für den grossen Seminarraum! Ich bestellte bei der Möbelfabrik Heinrich Brune in Königswinter vierzig Stapelstühle des Modells Rotta 7555, Ausführung: Verchromtes Gestell, Farbe der Sitzschale: Pergament.

Dann liess ich einen Stempel herstellen, der den vielen Seminarscheinen und Diplomen, die ich in den nächsten Jahren noch ausstellen sollte, akademische Würde verlieh. Dieser Stempel zeigte eine Weltkugel, die von der Fackel des Wissens erhellt wurde. Manche meinten, dass die Fackel die Weltkugel in Brand setzt, aber ein so einfältiges Bild hatte ich sicherlich nicht im Kopf. Den Stempel gestaltete nach meinen ungenauen Angaben Hans Löffler, später einer der Chefgrafiker bei Redesigndeutschland.

Das wichtigste Utensil meiner Akademie fand ich allerdings auf einem meiner ausgedehnten Spaziergänge Unter den Linden. Ich hatte die Litfas-Säule vor der Staatsbibliothek besuchen wollen, auf der ich damals den Anschlag »Paketfahrer gesucht!« entdeckt hatte. Und auch diesmal gab mir die Säule einen Fingerzeig: Als ich an der Staatsbibliothek in die Universitätsstrasse einbog, um an der Spree Enten zu füttern, kam ich an einem grossen Raum mit riesigen Fenstern vorbei, in dem an die zwanzig Studentinnen mit geröteten Wangen über ihren Papieren sassen. Hier fand wohl eine Klausur statt, und der Professor musste gerade ins Café oder in den Raucherhof verschwunden sein.

Interessiert sah ich am Gebäude hoch und entzifferte das verwitterte Schild »Institut für Ornithologie«. Dann wanderte mein Blick in den Raum zurück und blieb wie elektrisiert an einem Gegenstand hängen: An einem leuchtenden quadratischen Gegenstand. An einem sehr schönen und sehr neuen Overheadprojektor.

Ich betrat das Institut und gelangte schnell zu dem Seminarraum, den ich von aussen gesehen hatte. Als ich ganz vorsichtig die Tür öffnete und hineinlugte, hoben die Studentinnen verstohlen die Köpfe und schauten mich scheu und neugierig an. Beruhigend hielt ich mir den Zeigefinger der einen Hand an die Lippen, während ich mit der anderen flachen Hand eine sachte Auf-und-ab-Bewegung machte, die signalisierte: »Hier geht alles mit rechten Dingen zu.« Dann ging ich auf Zehenspitzen, übertrieben leise, zum Overheadprojektor, zog den Stecker, wickelte das Kabel um den Kabelhalter, nahm den Projektor mit beiden Händen hoch und ging hinaus – nicht ohne den Studentinnen in der ersten Reihe dabei ausgiebig zuzuzwinkern. Sie konnten ihr Glück kaum fassen, dass ausgerechnet in ihrem Institut ein so gutaussehender Techniker beschäftigt war.

Diese Studentinnen beflügelten meine Fantasie derartig, dass ich den Projektor schnell in meine Akademie brachte und dann sofort in die Winsstrasse fuhr, um Madame Glawny zu besuchen. »Heute ist Dienstag«, dachte ich, als ich vor ihrem Haus stand, »da ist der gewalttätige Dr. Glowny sicherlich nicht zu Hause, sondern in seiner Kanzlei. Oder in seinem Leichenschauhaus oder wo auch immer dieser Menschenschinder arbeitet!«

Madame Glawnys Freude war unbeschreiblich. Sofort kochte sie mir einen Schokoladenpudding, den wir gemeinsam auf der Bettkante assen, dann warf ich sie schwungvoll nach hinten. Wir begannen unser Zwiegespräch mit einer Flut nicht enden wollender Küsse. Mit zitternder Hand löste ich zaghaft sechs breite Schleifen, die ihr Kleid vorne schlossen. Zu meiner Überraschung wehrte sie sich kaum, und ich fand mich im Besitz des herrlichsten Busens. Nun war es zu spät. Sie liess ihre Hände über meinen Rücken bis zu den Hüften hinunterwandern. Die meinen griffen noch tiefer. Sie drückte mich an ihre Brust und flüsterte etwas wie »Kaluna wa lamina«, wahrscheinlich war es Polnisch oder Phönizisch. Ich verstand das als Aufforderung, und in weniger als einer Minute tat ich mit ihr, was noch kein Mann mit ihr getan hatte.

Der Overheadprojektor leistete uns in der Wissenschaftsakademie lange Jahre gute Dienste. Noch heute, wenn ich durch die Universitätsstrasse zur Staatsbibliothek spaziere, um meinen privaten Studien nachzugehen, bin ich dem Schicksal dankbar, das mich und dieses schöne Gerät vor so vielen Jahren an dieser Stelle zusammengeführt hat.

Wenige Wochen nach der Eröffnung wurde die Wissenschaftsakademie von Studenten überrannt. Es hatte sich schnell herumgesprochen, dass hier schon nach dem Besuch eines einzigen Vortrags Seminarscheine verteilt wurden. Scheine, die, wie man hörte, auch an allen anderen Hochschulen anerkannt wurden. Ausserdem übten natürlich Seminarthemen wie »Der Schabrackentapir« oder »Sprengstoffe und Sprengverfahren« eine grosse Anziehungskraft aus. Täglich meldeten sich Studenten bei mir und boten sich als Dozenten für neue Seminare an.

Derweil brüteten die Hochschulbeamten in ihren Amtsstuben darüber, wie sie dem Spuk ein Ende bereiten könnten, aber das war gar nicht so leicht. Hätte ich meine Einrichtung »Hochschule« oder »Universität« genannt, hätte man sie ohne weiteres schliessen können, aber gegen eine »Akademie« war nach deutschem Recht nichts einzuwenden.

Das hatte ich ja nicht einmal gewusst. Ich erfuhr davon erst, als ich beim Friseur eine Illustrierte durchblätterte und ein Interview mit Senatsrat Manfred Ullrich, dem Berliner Referatsleiter für Hochschulrecht, las. Er war zu den Vorgängen an der Wissenschaftsakademie befragt worden und lamentierte auf unerträgliche Art:

»Der Begriff Akademie ist im Gegensatz zu den Begriffen Hochschule, Fachhochschule und Universität rechtlich leider nicht geschützt. Deshalb können wir auf die absurde Veranstaltung dieses Verwirrten auch nicht reagieren. Wären finanzielle Aspekte im Spiel, könnte eine Irreführung allerdings strafrechtliche Konsequenzen haben. Auch der Diplomtitel ist kaum geschützt. Mein Tip: Wer Zweifel an der Seriosität einer

Einrichtung hat, sollte sich unbedingt an das zuständige Kultusministerium wenden.«

Ich war so wütend, dass ich, obwohl erst halb rasiert, vom Barbierstuhl aufsprang und auf die Strasse lief. Sofort rief ich meinen Rechtsanwalt an und liess den Senatsrat wegen Verleumdung und übler Nachrede verklagen. Kurze Zeit später wurde er in den vorzeitigen Ruhestand versetzt.

Mein Ehrgeiz wurde durch die Gemeinheiten, die über mich verbreitet wurden, nur noch gesteigert. Ich beschloss, in einer grosszügigen Geste den anderen Berliner Hochschulen eine Fusion mit meiner Akademie anzubieten. Ich schrieb an die Präsidenten der Humboldt-Universität, der Technischen Universität und der Technischen Fachhochschule einen freundlichen Brief, der mit folgenden Sätzen schloss:

»Für die Zukunft wünsche ich mir eine sehr enge Zusammenarbeit unserer Institutionen, die beispielsweise die gemeinsame Ausarbeitung von Studienkonzepten, Austausch von Dozenten, Abstimmung der Lehrpläne beinhalten könnte. In einem weitgefassten zeitlichen Rahmen wäre sogar die Fusion unserer Institutionen denkbar, die genauen bürokratischen und finanziellen Modalitäten eines solchen Zusammengehens müssten natürlich sorgfältig und weit im voraus geplant werden.«

Den letzten Satz hatte ich so diplomatisch formuliert, um bei den Direktoren der anderen Hochschulen nicht den Eindruck zu erwecken, sie hätten es hier mit einem unkontrollierten Heisssporn zu tun. Anscheinend hatte ich es mit der Diplomatie aber zu weit getrieben, denn es kam einfach keine Antwort auf meine höflichen Schreiben. Um die schleppende Bearbeitung der Post ein wenig zu beschleunigen, schickte ich also gleich noch einen zweiten Brief hinterher, in dem ich durchblicken liess, dass ich schon für die folgende Woche eine Presseerklärung geplant hatte, in der ich eine Fusion bekannt geben wollte.

Die Antworten der drei Präsidenten liessen nicht lange auf sich warten.

Der Präsident der Technischen Universität schrieb mir:

Sehr geehrter Herr Horzon,
hiermit bestätige ich den Eingang der beiden o.g. Schreiben. Nach Lektüre beider Briefe möchte ich Sie um folgendes bitten:
a) Uns von weiteren Briefen dieser Art zu verschonen. Die TU Berlin ist an keiner Kooperation mit Ihnen interessiert.
b) Die von Ihnen im Schreiben vom 28.4. angesprochene Information an die Medien über eine (angebliche) Kooperation Ihrer Institution mit der TU Berlin nicht herauszugeben bzw., falls sie schon heraus ist, sofort eine Korrektur an die Medien zu geben, dass es keine Kooperation mit der TU Berlin gibt und auch in Zukunft nicht geben wird.
Mit freundlichen Grüssen
Prof. Dr. Hans-Jürgen Ewers

Die Humboldt-Universität zu Berlin schrieb Folgendes:

Sehr geehrter Herr Horzon,
in Ihrem Schreiben vom 16.04.1998 an den Präsidenten der Humboldt-Universität haben Sie eine kurzgefasste Analyse der gegenwärtigen Hochschulsituation sowie Ihren Lösungsansatz dargestellt.

Abgesehen davon, dass wir Ihrer Analyse beispielsweise hinsichtlich der Ausbildung der Lehrbeauftragten und der Qualität von Multiple-Choice-Tests nicht folgen können, erlauben Ihre Aussagen hinsichtlich des von Ihnen erwähnten ›Studiengangs‹ keine seriöse Prüfung.
Sollten Sie weitergehende Unterlagen haben, bitte ich um Übersendung. Die am 28. April 1998 auf Ihren Anrufbeantworter gesprochene Erklärung, die es Ihnen untersagt, von einem Zusammengehen der Wissenschaftsakademie Berlin mit der Humboldt-Universität zu sprechen, gilt weiterhin.
Mit freundlichem Gruss
im Auftrag
Dr. A. Kessler

Der Vizepräsident der Technischen Fachhochschule Berlin schrieb mir schliesslich:

Sehr geehrter Herr Horzon,
mit Schreiben vom 16.4.98, hier eingegangen am 21.4.98, haben Sie uns Ihre Akademie vorgestellt und den Wunsch geäussert, mit der TFH Berlin zukünftig eng zusammenzuarbeiten.
Auf dieses Schreiben haben Sie noch keine Stellungnahme von uns erhalten, da der Präsident der TFH aus zeitlichen Gründen dazu noch nicht in der Lage war. Umso verwunderter sind wir, dass Sie in Ihrem Schreiben vom 27.4.98, das heute bei uns eingegangen ist, eine Presseerklärung abgeben wollen, in der Sie sogar von einer Fusion Ihrer Institution und der TFH sprechen. Ob eine Zusammenarbeit in Frage kommt und

wie weit sie ggf. gehen kann, muss erst durch die TFH geprüft werden. Hierzu benötigen wir natürlich umfangreiche Auskünfte über Ihre Schule, die Betreiber und die Lehre, die dort angeboten wird.
Diese Prüfungen werden sicherlich einige Zeit in Anspruch nehmen. Bis dahin darf durch Sie von einer geplanten Zusammenarbeit oder gar Fusion nach aussen hin nicht geredet werden, zumindest nicht in der Form, die eine gegenseitige Absprache vermuten lässt. Insbesondere sind wir mit der von Ihnen geplanten Presseerklärung nicht einverstanden, da sie den Anschein gegenseitigen Einvernehmens erweckt.
Wir untersagen Ihnen, Erklärungen gegenüber der Presse oder Dritten abzugeben, die den Anschein einer vereinbarten Zusammenarbeit oder gar Fusion erwecken oder die auch nur auf entsprechende Vertragsverhandlungen hindeuten.
Es gibt bis heute weder Vertragsverhandlungen noch Absichten der TFH, mit Ihrer Hochschule zusammenzuarbeiten. Jede entgegenlautende Äusserung durch Sie ist wahrheitswidrig und zu unterlassen.
Wir werden ggfs. auf Sie zukommen, wenn wir Vertragsverhandlungen mit Ihnen wünschen.

Hochachtungsvoll
In Vertretung
Prof. Dr. Thümer
Erster Vizepräsident

Meine Wut über diese unverschämten Antworten war schon bald verflogen. Die letzten, völlig überlaufenen Seminare an meiner Akademie – über Zuckerfabrikation und über kurzfristige Börsenspekulationen – hatten gezeigt, dass mein Weg der richtige war. Wöchentlich erschienen grosse Artikel, in denen das neuartige Konzept der Wissenschaftsakademie von ungläubig staunenden Journalisten beschrieben wurde.

Gut gelaunt plante ich immer neue Seminare. So auch an diesem sonnigen Nachmittag im September 1998. Ich war gerade in der Staatsbibliothek gewesen, um für meine nächste Vorlesung einen Lehrfilm über Palmenzucht auszuleihen. Übermütig kurvte ich im Sportwagen meiner Tante durch Berlin-Mitte, als plötzlich der Motor streikte. Der Tank war leer. Und wie ich nun merkte, war auch mein Portemonnaie leer. Das Geld, das meine Tante mir geschickt hatte, war verbraucht.

Natürlich hätte ich das Auto verkaufen können, aber strenggenommen gehörte es ja nicht einmal mir. Viel klüger kam es mir vor, mich an wissenschaftliche Institute zu wenden. Mit der direkten Bitte um finanzielle Unterstützung. Den Leitern dieser Institute würde ich Lehrstellen an meiner Akademie versprechen. Der plötzliche Geldsegen würde die Errichtung eines neuen, mächtigen Akademiegebäudes ermöglichen ...

Ich liess das Auto am Rosenthaler Platz stehen, kaufte mir von meiner letzten Mark ein Eis und ging die wenigen Meter zu meiner Wohnung in der Brunnenstrasse zu Fuss.

Dort erstellte ich mithilfe des Jahrbuchs der Berliner Gesellschaft für Wissenschaft und Forschung eine Liste mit Instituten, die ich kurz darauf anschreiben sollte:

1. Institut für Kristallzüchtung (IKZ), Rudower Chaussee 6, 12489 Berlin
2. Institut für Nieren- und Hochdruckforschung Berlin, Am Nordgraben 5, 13509 Berlin

3. Institut für Zielforschung, Tietzenweg 55, 12203 Berlin
4. Institut für Zoo- und Wildtierforschung IZW, Alfred-Kowalke-Str. 17, 10252 Berlin
5. Max-Planck-Institut für extraterrestrische Physik, Rudower Chaussee 5, 12489 Berlin
6. Fraunhofer-Institut für Zuverlässigkeit und Mikro-Integration, Gustav-Meyer-Allee 25, 13355 Berlin
7. Bauern- und Wissenschaftsakademie Bischofswerder GmbH, Bayreuther Str. 8, 10787 Berlin

Diese zuletzt genannte Einrichtung war die einzige, von der ich Antwort auf mein Rundschreiben bekam. Allerdings war es nur mein ungeöffneter, von der Post zurückgeschickter Brief, mit dem Vermerk: »Adressat unbekannt«. Wie ich durch ein sofortiges Telefonat mit dem Berliner Wissenschaftssenat erfuhr, war die Bauern- und Wissenschaftsakademie Bischofswerder kurz zuvor geschlossen worden.

Weinend warf ich mich aufs Bett. Würde demnächst vielleicht auch meine Akademie geschlossen werden? Verzweifelt schaltete ich den Fernseher an, um mich abzulenken.

Was ich sah, liess mich sofort neuen Mut schöpfen: Helmut Kohl hatte die Bundestagswahl verloren. Und damit war natürlich auch der verhasste Minister Rüttgers Geschichte. Sofort verfasste ich einen Brief an die neue Forschungsministerin Bulmahn, in dem ich um Geld für neue Akademiegebäude bat.

Einige Tage später bekam ich ihre Antwort. Höflich und sehr umständlich legte die Ministerin mir auf zwei Seiten dar, warum sie derzeit keine Möglichkeit sah, mir neue Akademiegebäude zu finanzieren.

Ich merkte, dass von der Politik keine Hilfe zu erwarten war.

Monatelang überlegte ich, wie ich nun weiter vorgehen sollte. Dann bemerkte ich eines Nachmittags, als ich mich auf meinem Bett unruhig von einer Seite auf die andere Seite wälzte, ein knisterndes Geräusch unter der Matratze. Ich schlug das Buch zu, das ich gerade las, es war Gontscharows *Oblomow*, hob die Matratze an und fand einen Briefumschlag. Und darin ein dünnes Geldbündel. Ich musste von dem Geld meiner Tante hier wohl einige Scheine als Notreserve angelegt und dann vergessen haben. Ebenfalls unter der Matratze fand ich John Dos Passos' *Manhattan Transfer*, in einer kostbaren Erstausgabe von 1925. Es wäre wohl untertrieben, dies einen Wink des Schicksals zu nennen. Sofort fuhr ich ins Lufthansa-Büro in der Friedrichstrasse und löste ein Flugticket nach New York.

KAPITEL 9

Als das Flugzeug über Manhattan in eine sanfte Linkskurve schwenkte, erblickte ich die Statue der Freiheitsgöttin wie in einem plötzlich stärker gewordenen Sonnenlicht. Ihr Arm mit dem Schwert ragte wie neuerdings empor, und um ihre Gestalt wehten die freien Lüfte.

»Amerika, die Wiege der Freiheit, Amerika, die Wiege des Kapitalismus ...«, murmelte ich, als wir an den riesigen Zwillingstürmen vorbei Kurs auf den Flughafen nahmen, »Amerika, du wirst mich Gelddinge lehren!«

Ich hatte folgenden Plan: Während meiner einhundert Tage langen Reise wollte ich in Amerika einhundert Geschäftsideen sammeln und auf Fotos dokumentieren. Und die beste Idee wollte ich nach meiner Rückkehr umsetzen. Und mit dem so erworbenen Reichtum meine Akademie in unvorstellbar grossem Massstab neu aufbauen.

Während ich mich für die Landung anschnallte, erschienen vor meinem inneren Auge riesige Akademie-Gebäude. Ich geriet in grosse Erregung bei dieser Vorstellung, der ich mit weit ausholenden, rechtwinkligen Armbewegungen Form verlieh. Die Passagiere um mich herum bemerkten meinen Zustand, der Anlass zur Sorge gab, und riefen den Stewart. Doch in diesem Moment setzten wir auch schon auf.

Gittertore öffneten sich, Füsse trappelten über den Spalt, Menschenscharen wälzten sich durch den mistverpesteten hölzernen Tunnel des Fährhauses, zusammengequetscht und kollernd und stossend wie Äpfel, die man in die Rutsche einer Obstpresse schüttet.

Dies also war Amerika!

Begeistert sog ich die Luft ein, als ich zu Fuss vom Flughafen in Richtung Manhattan marschierte – aus reiner Sparsamkeit, denn viele Scheine waren es nicht gewesen, die ich unter meiner Matratze gefunden hatte. Entsprechend bescheiden war auch meine Unterkunft in der 23. Strasse. Ein dreizehnstöckiges Gebäude, in dem man für nur zehn Dollar die Nacht wohnen konnte. Mit sieben weiteren Gästen in einem Raum.

Mir war es gleich. Ich war schliesslich nicht hier, um Geld zu verprassen, sondern um zu erforschen, wie ich welches verdienen konnte.

In diesen Sommerwochen war es in New York auch nachts so heiss, dass in der Pension alle nackt und ohne Decken auf den Matratzen lagen. Die Fenster zu öffnen war nicht möglich, denn das Nachbargebäude, das nur zwei Meter entfernt von unserem stand, war mit fast fünftausend Klimaanlagen behängt, die einen unbeschreiblichen Lärm machten. Gleichzeitig bliesen diese Anlagen ihre heisse Abluft direkt gegen unsere Fenster. Vor unseren Fenstern hingen keine Klimaanlagen.

Wir acht Männer schliefen in vier eisernen Doppelstockbetten. Der junge Mann unter mir redete und schrie die ganze Nacht im Schlaf. Anscheinend hatte er kurz zuvor seine gesamte Familie erstochen oder irgendein anderes furchtbares Verbrechen begangen.

Nach zwei Tagen war er ausserdem wohl von der fixen

Idee besessen, wir anderen nackten Männer könnten ihn für einen »Gay« halten. Darum hatte er sich Berge von Pornomagazinen gekauft, die er ostentativ auf seinem Bett ausbreitete. Abends, wenn er sie durchblätterte, stieg er alle paar Minuten aus dem Bett, um mir eine besonders schöne Frau zu zeigen. Dabei bleckte er seine Zähne, die – offenbar durch exzessiven Quecksilberkonsum – schwarz wie Ebenholz waren.

Ich hatte so grosse Angst vor ihm, dass ich jeden Morgen schon um vier Uhr früh aufstand, um neue Geschäftsideen zu erkunden. Deshalb sind auf den meisten Fotos, die ich damals auf den Strassen von New York machte, wohl auch keine Menschen zu sehen.

Jeden Tag fotografierte ich, wohlüberlegt, eine neue Geschäftsidee. Nicht mehr, aus purer Sparsamkeit.

Nach dreiunddreissig Tagen spazierte ich zur Grand Central Station, um zu überprüfen, ob das Licht auch an diesem Tag so schön durch die Scheiben fiel wie auf dem bekannten Foto von Paul Strand.

Doch noch bevor ich die riesige Halle betreten konnte, fiel mir eine Reihe von silbernen Bussen auf, die in der gleissenden Sonne vor dem Bahnhof standen. Neugierig kam ich näher und las den Schriftzug auf den Wagen: *Greyhound*. Sofort kaufte ich mir ein Coast-to-Coast-Ticket und fuhr los. Mein Gepäck hatte ich ständig bei mir, da ich den Verbrechern in meinem Hotel nicht traute. Es bestand aber ohnehin nur aus meinem grünblau karierten Schlafanzug, meiner Zahnbürste und meiner Leica.

Mit dem Coast-to-Coast-Ticket konnte man für nur neunundneunzig Dollar von der Ost- bis zur Westküste fahren, man konnte in jeder Stadt, durch die man kam, aussteigen und jederzeit wieder weiterfahren.

Zuerst fuhr ich nach Chicago. Tagelang wanderte ich die Route der stahlgenieteten Hochbahn ab, denn für eine Fahrkarte hatte ich kein Geld. Ständig hielt ich Ausschau nach neuen Geschäftsideen. Tag für Tag machte ich ein Foto. In mein kleines Moleskine-Büchlein, das ich mir gekauft hatte, weil auch einige Idole meiner Jugend, darunter Jack London, Arthur Rimbaud und Novalis, Schreibhefte dieser Marke benutzt hatten, notierte ich mir zu jedem Foto Details und Besonderheiten der fotografierten Ideen.

Als ich auch den letzten Sullivan-Wolkenkratzer besucht und das dazugehörige Treppenhaus inspiziert hatte, bestieg ich einen Greyhound-Bus und fuhr weiter in Richtung Westen.

Des Moines. Lincoln. Cheyenne.

Länger als einen Tag war es in keiner dieser Städte auszuhalten.

In Salt Lake City wohnte ich in einem winzigen hölzernen Wirtshaus vor den Toren der Stadt. Mein Zimmer teilte ich mit einem freundlichen Indianer, der sich ein buntes Tuch um die Stirn geknotet hatte und eine abgewetzte Pilotenjacke trug. Erst als ich ihn ansprach, bemerkte ich, dass er kein Indianer war, sondern Japaner. Er zeigte mir sein Auto, das er vor dem Wirtshaus geparkt hatte: ein sehr schönes, sehr langes Auto, ein Chevrolet Jahrgang 1958.

Dann ging er wieder auf unser Zimmer und steckte sich eine Spritze in den Fuss.

»Insulin«, erklärte er mir. »Diabetes!«

Ich nickte verständnisvoll und wollte gerade einige interessierte Fragen zu dieser sonderbaren Krankheit stellen, doch

DOKUMENTARFOTOS – TEIL I

So zogen meine Pariser Monate ins Land. Vormittags sass ich meist vor dem Café de Flore, trank mit abgespreizten Fingern einen Espresso nach dem anderen und lachte hysterisch über die Scherze der Clowns, die von einem Strassenlokal zum nächsten zogen.

Stark idealisiertes Selbstporträt, Dachkammer, Paris

»Hör zu, mein Kleiner«, sagte Signora Sarasate mit ihrer tiefen Stimme, »was ich dir nun sage, ist sehr wichtig. Es wird dein ganzes Leben bestimmen. Hörst du gut zu?«
»Ja, Signora«, wisperte ich ängstlich, »ich höre.«

Paris, an einem heissen Sommertag

Ich begann ein monumentales Werk, *Das Kompendium des Wissens*: In einem einzigen Buch sollte das gesamte Wissen der Menschheit zusammengefasst werden.

Aus dem geplanten Kompendium-Kapitel »Pflanzen der Welt«

Drei Tage und Nächte lang schrieb ich ohne Pause. Am vierten Tag las ich alles durch, zerriss die Seiten und warf mich weinend aufs Bett: Ohne fremde Hilfe, ohne Geld, ohne Unterstützung konnte so ein gigantisches Projekt nicht Wirklichkeit werden.

Aus dem geplanten Kompendium-Kapitel »Meere der Welt«

Nur etwa dreissig Fotografien sind erhalten, mit denen ich die einhundert Kapitel des Kompendiums zu illustrieren gedachte. Ein kleines Zeugnis meines übergrossen Schaffens- und Geltungsdrangs.

Aus dem geplanten Kompendium-Kapitel »Vögel der Welt«

Als ich wieder erwachte, war es draussen schon dunkel. Madame Glawny lag neben mir auf dem Bett, ihren Kopf auf die linke Hand gestützt, und betrachtete mich lächelnd. Zu meinem Entsetzen war sie völlig nackt!

Berlin, an einem heissen Sommertag, Blick aus dem Paketwagen

Interviewanfragen an Masahiro Sugimoto, den ersten ausstellenden Künstler, wies ich ab. »Herr Sugimoto ist sehr publikumsscheu, wir bitten Sie, dies zu respektieren«, sagte ich den anrufenden Reportern in barschem Ton.

Eröffnungsposter Galerie Berlintokyo

Als Nächstes plante ich die Ausstellung eines angeblichen Araki-Schülers. Ich rief Ben de Biel an, den Besitzer des Nachtclubs Maria, ich wusste, dass er einmal in Tokyo gewesen war.

Hong Kong, an einem besonders schwülen Tag

Noch heute, wenn ich durch die Universitätsstrasse zur Staatsbibliothek spaziere, um meinen privaten Studien nachzugehen, bin ich dem Schicksal dankbar, das mich und dieses schöne Gerät vor so vielen Jahren an dieser Stelle zusammengeführt hat.

Seminarraum 1 der Wissenschaftsakademie Berlin, Linienstrasse

Dann drehte ich mich zu den anderen Studenten, die um uns herumstanden, und sagte den vieldeutigen Satz: »Es ist wahr, diese Scheine sind tatsächlich genauso viel wert wie die Scheine an jeder anderen Hochschule auch!«

Vergabe von Scheinen und Diplomen an der Wissenschaftsakademie

Ausserdem übten natürlich Seminarthemen wie »Der Schabrackentapir« oder »Sprengstoffe und Sprengverfahren« eine grosse Anziehungskraft aus.

Seminarraum 1 der Wissenschaftsakademie Berlin, Torstrasse

Ich hatte folgenden Plan: Während meiner einhundert Tage langen Reise wollte ich in Amerika einhundert Geschäftsideen sammeln und auf Fotos dokumentieren. Und die beste Idee wollte ich nach meiner Rückkehr umsetzen.

Geschäftsidee: Hot-Dog-Produktion. New York

Masa begann leise zu kichern. Ungefähr zehn Minuten lang, was mir unheimlich vorkam. Etwas Schaum trat aus seinem linken Mundwinkel.

Geschäftsidee: Benzin-Produktion. Arizona

Ich nahm einige davon in die Hand und konnte es kaum fassen: Es war tatsächlich Gold! Dicke glänzende Goldklumpen! Hastig stopfte ich so viele davon wie möglich in meine Hosentaschen.

Geschäftsidee: Sonnenhut-Produktion. Kalifornien

Der Besitzer, der vor dem Laden auf und ab ging, sah sehr wohlhabend aus. Sehr wohlgenährt. »Dieser runde Leib ist ein Anzeichen für grossen Reichtum«, sagte ich laut zu mir selbst.
Ich stieg mit dem festen Vorsatz ins Flugzeug, in Berlin ein Möbelhaus zu eröffnen.

Geschäftsidee: Möbel-Produktion. San Francisco

Dann bildete sich vor dem Laden ein gigantischer Auflauf. Alle wollten das neuartige Regal betrachten. Es war die wohl grösste Menschenmasse, die sich jemals in Berlin-Mitte versammelt hatte.

Eröffnung von MOEBEL HORZON

Als der Zug im Morgengrauen in den Bahnhof einfuhr, bemerkte ich, dass der Bahnsteig ganz leer war. Nur ein blinder Bettler mit Turban stand einsam in den morgendlichen Nebelschwaden.

Nizza, frühmorgens

Vor dem Hotel Martinez, das ich ansteuerte, weil es das erste an der Croisette ist, erregte die Ankunft meiner Yacht grosses Aufsehen. Ein amerikanischer Tourist war so beeindruckt von den Linien meines Bootes, dass ich es ihm schliesslich für zehntausend Francs verkaufte.

Promenade des Anglais, abends

»Aber Tante«, rief ich nach oben, »ich habe doch nie Gepäck, ich reise doch immer nur mit einer winzigen Plastiktüte, in der sich lediglich meine Kamera und meine Zahnbürste befinden.« Dabei hielt ich meinen riesigen blauen Seesack in die Höhe.

Flora Meridiana

Niemand hatte also einen Schimmer, was Gelee Royale war, es wusste sogar niemand, dass es überhaupt eine Modefirma mit diesem Namen gab.

Werbemotiv für Gelee Royale

Auf einen Bogen Millimeterpapier zeichnete ich mit Lineal und Kugelschreiber einen Stuhl, dann einen Tisch. Beide bestanden aus genau vier gleich grossen quadratischen Platten.

Werbemotiv für REDESIGNDEUTSCHLAND-Möbel

Die althergebrachte, völlig unlogische Einteilung des Jahres in 12 Monate von 28, 29, 30 oder 31 Tagen, von 24 Stunden, von 60 Minuten, von 60 Sekunden hatten wir schnell auf den Friedhof der unsinnigen Ideen geworfen.

RDD-Fertighaus HAUSBAU, mit Michel Obladen, anonymisiert

Bildnachweis:
Alle Fotos Rafael Horzon, bis auf
Moebel-Horzon-Eröffnung: André C. Hercher
Rafael Horzon auf RDD-Stuhl: Florian Kolmer

der Japaner verdrehte die Augen nach oben und war offenbar sofort eingeschlafen. Etwas Schaum trat aus seinem linken Mundwinkel.

Am nächsten Tag fuhren wir von Salt Lake City nach Süden, Richtung Arizona. Masa, so hiess der japanische Freund, erklärte mir, dass er dieses Auto in New York gekauft hatte, weil es aus demselben Jahr stammte wie der Reiseführer, den er bei sich trug – ein abgewetztes Buch mit dem seltsamen Titel *The Dharma Bums*.

»Ich freue mich schon sehr auf mein erstes Bier in Arizona!«, erklärte er mir. »Sobald wir aus diesem verlogenen Mormonen-Staat heraus sind, machen wir Halt an der erstbesten Tankstelle und kaufen uns ein kühles, erfrischendes Bier!«

Ich fand ihn sehr nett, und was er sagte, klang sehr vernünftig. Denn in ganz Utah gab es tatsächlich kein Bier zu kaufen. Und auch sonst keinen Alkohol. Nur Coca Cola, Fanta und Sprite. Und Seven Up.

Lange Zeit war es ganz ruhig im Auto, und fast hatte mich das monotone Motorengebrumm eingeschläfert. Aber plötzlich fing der Japaner ohne jede Vorwarnung an zu schreien: »Und wenn wir in der Wüste von Arizona aussteigen, dann hören wir das Nichts!«

Verwundert sah ich ihn von der Seite an. Er schwitzte recht stark, obwohl die Klimaanlage das Auto auf ungefähr zehn Grad Celsius heruntergekühlt hatte. Dicke Schweissperlen standen auf seiner Stirn.

»Und dann steigen wir auf einen Berg und berühren den Himmel!«, schrie er weiter.

Ich kicherte ein bisschen über diese seltsame Idee und

schraubte meinen Sitz nach hinten, um zu schlummern, denn wir waren ja schon einige Stunden unterwegs. Masa bestand darauf, die ganze Strecke allein zu fahren, ohne Rast, abgesehen von einigen kurzen Stopps, bei denen er sich Insulin spritzte und weisse Tabletten schluckte. Gegen Sodbrennen, wie er mir erklärte.

Draussen, in der Dämmerung, zog die Wüste von Utah vorüber. In der Ferne leuchteten riesige Cumuluswolken, von Blitzen durchzuckt, wie gigantische Laternen. Ich schlief ein.

»Aufwachen!«, schrie der japanische Freund. Draussen war es mittlerweile Nacht geworden.

»Da vorne, das Schild! Arizona!«, rief er aufgeregt.

Tatsächlich rasten wir in diesem Moment auf ein grosses Strassenschild zu: »Thank you for visiting Utah«. Endlich. Nun mussten wir nur noch die nächste Tankstelle abpassen.

Doch es kam nichts. Meilenweit nur tiefstes Schwarz.

Stundenlang. Mitternacht war schon lange vorbei.

Masa wurde immer wütender.

Er war sehr durstig.

Dann tauchte am Horizont ein mattes Licht auf. Erst ganz klein und schwach, dann wurde es grösser und grösser. Ein Leuchtschild. Wir beugten uns nach vorne und verengten unsere Augen zu Schlitzen, um den Schriftzug so früh wie möglich entziffern zu können.

Und dann, schliesslich, tatsächlich: »Gas Station«!

Wir schrien auf vor Begeisterung, Masa hielt mit rauchenden Reifen vor der winzigen Tankstelle, wir sprangen aus dem Auto, rissen die Tür des Häuschens auf und riefen:

»Beer!«

Absolute Stille empfing uns.

Nur das Zischen einer Mücke war zu hören, die gerade in der elektrischen Insektenfalle über der Tür verbrannte.

Dann vernahmen wir ein leises Schlurfen. Aus dem Lagerraum trat ein kleiner, sehr alter Indianer hervor und stellte sich hinter die Theke.

»No Beer!«, sagte er. »No alcohol!«

»No alcohol? Why?«, kreischte Masa, der nun endgültig die Fassung verlor.

»Indian reservation«, sagte der alte Indianer ganz langsam. »It's against the law.«

Masa begann leise zu kichern. Ungefähr zehn Minuten lang, was mir unheimlich vorkam. Etwas Schaum trat aus seinem linken Mundwinkel.

»Wir fahren einfach noch etwas weiter«, versuchte ich ihn zu beruhigen, als ich mich freundlich von dem weisen Indianer verabschiedet hatte und Masa vor mir her durch die Tür schob. »Dieses Indianer-Reservat wird ja vielleicht nicht allzu gross sein, und dann gibt es auch wieder Bier in den Tankstellen zu kaufen.«

»Gute Idee!«, rief Masa, spritzte sich schnell noch etwas Insulin und gab Vollgas.

Nach hundert Meilen Fahrt ging der Motor aus. Der Tank war leer. In all der Aufregung hatten wir vergessen, beim alten Indianer wenigstens Benzin zu kaufen.

Masa hielt es nicht für angebracht, darüber auch nur ein Wort zu verlieren.

Stattdessen sprang er laut schnaubend aus dem Auto, pflückte im Licht des Vollmonds, der gerade aufgegangen war, einige knollenartige Kakteen, schnitt sie auf und presste ihren Saft in eine Blechkanne. Wir teilten uns den erfrischenden Trunk, dann kletterten wir den Berg hinauf, der nicht weit von uns entfernt in die Nacht ragte. Dieser Berg hatte die Form eines mexikanischen Hutes.

Während wir hinaufstiegen, murmelte Masa ohne Unterlass vor sich hin. Ab und zu blieb er stehen, reckte seine Fäuste nach oben, starrte in den Himmel und murmelte dabei noch lauter. Ich wollte ihn gerade fragen, was eigentlich mit ihm los war, da bemerkte ich, dass die Steine und Kiesel vor uns wie Gold glänzten. Ich nahm einige davon in die Hand und konnte es kaum fassen: Es war tatsächlich Gold! Dicke, glänzende Goldklumpen! Hastig stopfte ich so viele davon wie möglich in meine Hosentaschen. Ich rief nach Masa, doch der stapfte einfach weiter nach oben, ohne auf mich zu hören. Hechelnd und schwitzend lief ich ihm nach, die Taschen voller Gold.

Als ich oben angekommen war, sah ich, wie Masa gerade sein Hemd auszog und auf einen grossen Felsen auf dem Berggipfel kletterte. Direkt hinter ihm stand der Mond. Er war auffallend gross. Und auffallend grün. Grellgrün. Gegen die grellgrüne Scheibe des Mondes zeichnete sich scharf das Profil des Japaners ab, der den Kopf starr nach oben gerichtet hatte, die Arme dicht an die Hüften gepresst. Nun sah ich plötzlich auch, dass er eine riesige Hakennase hatte. Als er mich bemerkte, drehte er grinsend und übertrieben langsam sein Gesicht in meine Richtung. Seine Augen leuchteten rot wie der Laser eines Zielfernrohrs. Aus seinen Ohren trat etwas Rauch.

Erschrocken rang ich nach Luft. Ich wollte etwas sagen, doch mein Hals war ganz trocken. Ich schloss die Augen, um wieder zu mir zu finden, aber durch meine geschlossenen Lider hindurch sah ich weiter das seltsam grinsende, insektenartige Gesicht des Japaners. »Buongiorno, mein Kleiner«, kreischte er nun mit einer unnatürlich hohen und blechernen Stimme, »erkennst du mich nicht?«

Es war Signora Sarasate!

Schreiend vor Angst drehte ich mich um und stürzte Hals über Kopf den Abhang hinunter, hinter mir hörte ich das heisere Lachen der Wahrsagerin. Panisch riss ich die Goldklumpen aus meinen Hosentaschen und warf sie fort, um schneller zu werden.

Ich kam auf die Strasse und lief immer weiter. Viele hundert Meter. Der Berg lag nun schon sehr weit entfernt. Ich hielt kurz an, um Luft zu holen. Das Kreischen der Zigeunerin war nicht mehr zu hören. Vorsichtig schloss ich die Augen: Entsetzlich! Ich konnte immer noch durch die Lider hindurchsehen! Keuchend lief ich weiter die Strasse entlang. Immer weiter.

Nach zwei Stunden kam ich an eine Brücke. Durch das Tal unten floss ein Bach. An diesem Bach, unter der Brücke, verbrachte ich sieben oder neunzehn Stunden damit, Kieselsteine der Grösse nach zu sortieren und sehr sorgfältig in geraden Linien hintereinander aufzureihen. Irgendwann schlief ich ein. Als ich nach zwei Tagen erwachte, wusch ich meine Kleider und wanderte in die nächste Stadt.

Von Las Vegas fuhr ich, wieder mit dem Greyhound-Bus, nach Reno, von Reno nach Sacramento und von dort nach San Francisco.

Mein dritter Ilford-Film stand auf Bild Nummer achtzehn, ich hatte also noch zehn Tage Zeit, um in San Francisco nach Geschäftsideen zu suchen.

Zuerst ging ich in Lawrence Ferlinghettis Buchladen an der Columbus Avenue. Auf der Empore, wo sich sein Büro befand, sah ich einen weissen Hut auf und ab wandern, das muss wohl Ferlinghetti selbst gewesen sein. Beim Entwickeln der Bilder bemerkte ich später, dass das Foto, das ich von diesem Hut gemacht hatte, komplett schwarz war. Ein Goldkorn musste sich im Verschluss verklemmt haben.

Ich erkundigte mich nach dem billigsten Buch, das in dem Laden zu haben war, und kaufte es sofort. Ein dünnes Büchlein mit dem Titel *The Yage Letters*.

Doch ich war nicht nach Amerika gekommen, um mir die Zeit mit Büchern zu vertreiben, sondern um Geschäftsideen zu sammeln. Wachsam streifte ich mit meiner Kamera durch die Strassen von San Francisco und betrachtete jeden Laden, jedes Auto und jede Brezel ausschliesslich nach dem Kosten-Nutzen-Prinzip: Mit welchem Einsatz liesse sich hier wohl welcher Gewinn erwirtschaften. Es waren die Augen eines Geschäftsmanns, mit denen ich Amerika betrachtete. An einem Tag fotografierte ich einen Bäckereibetrieb, am Tag darauf ein Fuhrunternehmen, am Tag darauf ein Fährunternehmen.

Am letzten Tag entdeckte ich beim Flanieren über die Mission Street ein Möbelgeschäft. Der Besitzer, der vor dem Laden auf und ab ging, sah sehr wohlhabend aus. Sehr wohlgenährt. »Dieser runde Leib ist ein Anzeichen für grossen Reichtum«, sagte ich laut zu mir selbst.

Ich stieg mit dem festen Vorsatz ins Flugzeug, in Berlin ein Möbelhaus zu eröffnen.

KAPITEL 10

Ein dumpfer Knall weckte mich aus meinem traumlosen, siebenundreissig Stunden langen Schlaf. Um mich war tiefste Finsternis. Erst langsam begriff ich, dass ich nicht mehr in meiner Herberge in San Francisco lag, sondern in meiner komplett abgedunkelten Wohnung in der Brunnenstrasse. Neben mir ertastete ich die drei grossen Entwicklerbecken, in denen ich die Fotos der Galaxie NGC4258 hergestellt hatte. Das einzige Mobiliar meiner riesigen Wohnung.

Benommen schlich ich zur Wohnungstür, um herauszufinden, was den Knall verursacht hatte. Vor der Tür lag der rund tausend Seiten dicke Katalog eines skandinavischen Möbelhauses, den ein sicherlich unterbezahlter, womöglich noch minderjähriger, höchstwahrscheinlich medikamentensüchtiger Lieferjunge dort mit voller Wucht hingeworfen hatte.

Wie auch vor alle anderen Wohnungstüren im ganzen Haus.

Wie auch vor alle anderen Wohnungstüren im ganzen Land.

Wie auch vor alle anderen Wohnungstüren auf der ganzen Welt!

Hunderte von Millionen von Katalogen mit Hunderten von Millionen von fragwürdigen Produkten, mit denen der Wohngeschmack der gesamten Welt gleichgeschaltet werden sollte. Mithilfe von Hunderten von Millionen von identischen riesigen Verkaufscontainern, durch die Milliarden von Kunden getrieben wurden, auf festgelegten Wegen, um an jeder Biegung mit neuem, drittklassigem Mobiliar behelligt zu werden.

Unfassbare Wut stieg in mir auf.

Ich musste sofort Geschäftsräume für mein Möbelhaus finden! Und in diesem Möbelhaus sollte es nicht Hunderte von Millionen von Produkten geben, sondern *genau ein einziges!*

Blinzelnd trat ich ins Sonnenlicht der Brunnenstrasse. Am Rosenthaler Platz kaufte ich mir ein Eis und bog dann in die Torstrasse ein, um kurz in meiner Akademie nach dem Rechten zu sehen. Als ich dort ankam, traf mich fast der Schlag: Der Farbenladen neben der Akademie war während meiner Amerika-Reise geschlossen worden und stand nun leer. Sofort rief ich den Hausbesitzer an. Noch am selben Tag unterschrieb ich den Mietvertrag.

Am nächsten Morgen beauftragte ich die zwei bärtigen Bauarbeiter, die schon die Akademie renoviert hatten, den Laden aufs Schönste herzurichten.

Dann schloss ich mich in meiner verdunkelten Wohnung ein, um über das Produkt nachzudenken, das ich in meinem Möbelhaus anbieten wollte. Es musste ein Produkt sein, das jeder Mensch braucht. Es musste ein Produkt sein, das sich gut verkauft. Denn immerhin sollte dieses Produkt nicht nur meinen zukünftigen ausschweifenden Lebensstil finanzieren, sondern auch noch eine ganze Akademie. Ich nahm das Handbuch des Samuel Hahnemann zu Hilfe, liess fünf Globoli Lycopodium unter meiner Zunge zergehen und skizzierte in Gedanken ein völlig neuartiges, völlig rechtwinkliges, in den Proportionen menschenähnliches Regal.

Kurz darauf fuhr ich in den nächsten Baumarkt, liess mir ein paar Platten aus MDF zuschneiden, kaufte mir eine Bohrmaschine und einhundert Schrauben und schaffte alles zu mir nach Hause.

Am nächsten Morgen war das Ur-Modell geschaffen. Ein 199 Zentimeter hohes, 36 Zentimeter breites, 35 Zentimeter tiefes Regal mit fünf grossen Fächern. Aufgeregt rief ich meine Freunde an und bestellte sie zur Premiere. Ich führte sie in einen abgedunkelten Raum und schloss hinter uns leise die Tür. Dann schaltete ich das Licht an. In der Mitte des Raumes stand mein Regal. Als meine Besucher es einmal umrundet hatten, brachen sie in Begeisterung aus. Applaus brandete auf.

Eine Zeitlang spielte ich mit dem Gedanken, das Regal *Chivas* zu nennen, entschied mich dann aber für den Namen *Modern*. Wahrscheinlich, weil ich kurz zuvor ein Buch mit dem Titel *Modern sein* geschrieben hatte, ein wütendes Pamphlet gegen geistigen Stillstand. Nachdem ich drei oder fünf Exemplare dieses Buches an Freunde und Bekannte verschenkt hatte, wurde die restliche Auflage glücklicherweise bei der Überflutung meines Kellers vernichtet. Soweit ich mich erinnere, ging es darin hauptsächlich um Sprengstoff und Sport.

Täglich telefonierte ich nun mit den bärtigen Bauarbeitern und erkundigte mich nach dem Fortgang der Renovierung. Da der Besitzer des Farbenladens über Jahrzehnte der einzige Mensch der gesamten DDR gewesen war, dem die staatliche

Plankommission Lacke und Farben zugeteilt hatte, muss er die Fassade seines Ladens jedes Jahr wohl fünf bis einhundertmal angestrichen haben. Als die Bauarbeiter mit Hämmern die dicken Farbkrusten von der Fassade geschlagen hatten, kamen fein ziselierte Säulen und Fensterrahmen zum Vorschein. Es stellte sich heraus, dass es sich hier um das schönste Gründerzeit-Geschäft der ganzen Torstrasse handelte.

Währenddessen dachte ich sehr intensiv über den Namen nach, den mein Möbelhaus tragen sollte. *Möbel Horzon* lag nah. Aber ich wusste, dass jeder Mensch instinktiv alles liebt, was symmetrisch ist. Weil der Mensch ja selbst symmetrisch ist. Also beschloss ich, auch in der Anzahl der Buchstaben strengste Symmetrie zu wahren. Darum schrieb ich das Wort »Möbel« mit »oe«, weil es genauso viele Buchstaben haben sollte wie »Horzon«.

Als Nächstes entwarf ich in nur einunddreissig Stunden das Moebel-Horzon-Logo. Ich hatte vor, es als riesigen Leuchtkasten über die Schaufenster meines Ladens zu hängen. Auf einer Fête in einem leerstehenden Hotel in der Auguststrasse fragte ich Daniel Pflumm, der damals mit seinen Leuchtkästen gerade sehr berühmt wurde, wo man solche Kästen bauen lassen konnte. Leider war es viel zu laut, um seine Antwort zu verstehen. Schliesslich fand ich eine Leuchtkastenfabrik in Reinickendorf. Der Besitzer hatte seine Schnurrbartenden mit Uhu in eine dreifache Spiralform gebracht und trug ein Hemd, das mit Karos, Herzen, Piks und Kreuzen übersät war. Der Leuchtkasten wurde trotzdem sehr schön.

Dann kam der Abend der Eröffnung.

Im grossen vorderen Verkaufsraum hatte ich das Urmodell des Regals Modern aufgestellt, sonst nichts. An die Wand hatte ich eine Bestell-Liste gehängt, in die sich die Käufer eintragen sollten. Der erste Gast an diesem Abend war Burkhard Riemschneider. Sofort schrieb er seinen Namen auf die Liste.

Ich hatte ihn zwei Tage vorher im Tresor kennengelernt: Meine Cousine Anne hatte mich angerufen und erzählt, dass ihr Mann, der legendenumwobene Moritz von Oswald, dort auflegen würde. Der Abend wurde lang und länger. Schliesslich, es war schon weit nach 22 Uhr, gingen wir alle zu Burkhard Riemschneider nach Hause. Ich kochte einen Lindenblüten-Tee. Als ich ihn ins Wohnzimmer trug, hielt ich die Kanne aus irgendeinem Grund wie eine Giesskanne am ausgestreckten Arm ... An den Rest des Abends habe ich keine Erinnerung mehr.

Nachdem sich Burkhard Riemschneider also in die Regal-Bestell-Liste eingetragen hatte, stellte er mir seine Begleiter vor, die freundlichen und sehr klugen Künstler Rirkrit Tiravanija und Tobias Rehberger, die augenrollend vor dem Ur-Regal standen. So ein schönes und praktisches Möbelstück hatten sie natürlich noch nie gesehen.

Tobias Rehberger traf ich erst neun Jahre später wieder, bei der Eröffnung von Christian Boros' Bunker in der Reinhardtstrasse. Wir versuchten, uns mit Anekdoten aus unserer Jugendzeit zu übertrumpfen. Der Abend wurde lang und länger. Schliesslich, es war wohl gegen neununddreissig Uhr, bat uns Christian Boros, der gerade vom Brötchenholen zurückkam, endlich zu gehen, denn wir waren die letzten beiden Gäste. Auf dem Weg nach draussen verliefen wir uns in den verzweigten Gängen des Bunkers. Nach zwei Stunden trafen wir auf den Kurator Veit Loers, der sich ebenfalls verlaufen hatte. Wir teilten uns ein paar Wecken, die Boros mir noch zugesteckt hatte ... An den Rest des Abends habe ich keine Erinnerung mehr.

Während ich in den Keller meines Möbelladens ging, um neue Getränkekisten für die Eröffnungsparty hochzuschaffen, füllte sich der gesamte Verkaufsraum mit Besuchern. Dann bildete sich vor dem Laden ein gigantischer Auflauf. Alle wollten das neuartige Regal betrachten. Es war die wohl grösste Menschenmasse, die sich jemals in Berlin-Mitte versammelt hatte.

Innerhalb kürzester Zeit war auch die gesamte Bestell-Liste mit Namen vollgeschrieben. Ein sehr grosser Geschäftserfolg.

Mittlerweile hatte sich die Eröffnungsparty in einen rauschenden Ball verwandelt, denn ich hatte nicht weniger als dreihundert DJs dazu eingeladen, bei der Eröffnung ihre Lieblingsplatte zu spielen. Die über zehntausend Gäste waren sehr froh darüber, das wichtigste gesellschaftliche Ereignis des Jahrzehnts mitzuerleben. Von weitem sah ich, wie mein Mitbewohner Heinrich in roten Stilettos auf das Ur-Regal kletterte, oben angekommen, sein Glas gegen die Wand warf, seinen Fuchspelz wie ein Lasso durch die Luft wirbelte und dann mitsamt dem Regal umfiel.

»Ist das hier eigentlich eine Art *Performance*?«, fragte mich misstrauisch ein schmächtiger Student, wobei er sich umständlich die Nase putzte. »Und diese Regale, die erinnern mich an diesen Bildhauer ... Donald ...«

»... Duck?«, fragte ich arglos.

»Und dieses ganze Geschäft, in dem nur ein einziges Regal steht«, fuhr der Student fort, »das ist doch kein richtiges Geschäft! Das ist doch ...«

»Wissen Sie was«, sagte ich zu ihm und legte ihm väterlich die Hand auf die Schulter, »es gibt ja nun keine objektiven Kriterien dafür, was Kunst ist und was nicht. Und deshalb ist natürlich alles, was ein Mensch zu Kunst erklärt, auch tatsächlich Kunst. Aber genauso gut ist auch alles, was ein Mensch *nicht* zu Kunst erklärt, *keine* Kunst. Und wenn ich diesen Möbelladen nun nicht zu Kunst erkläre, sondern zu einem Möbelladen, dann ist er natürlich auch keine Kunst, sondern ein Möbelladen.«

Am nächsten Morgen machte ich mich daran, die Scherben des Vorabends zusammenzufegen. Dann nahm ich die Bestell-Liste von der Wand, die noch heute über meinem fünfhundert Jahre alten Mahagoni-Sekretär hängt, und zählte durch: Dreiunddreissig Bestellungen! Das war mehr, als ich mir für den gesamten ersten Monat erhofft hatte!

»Dreiunddreissig Bestellungen!«, rief ich Heinrich entgegen, der in diesem Moment mit einer riesigen Flasche Heidelbeersaft in den Laden gestöckelt kam. »Mit dem Gewinn kann ich alle Ausgaben dieses Monats decken. Und das ganze Geld, das dann noch übrig bleibt, kann ich direkt in den Ausbau meiner Akademie stecken!« Heinrich sah wortlos aus dem Fenster, fuhr sich nachdenklich durch seinen dichten Vollbart, nahm einen Zug aus seiner Saftflasche und stöckelte wieder hinaus.

Die nächsten zehn Tage verbrachte ich mit der Bohrmaschine in der Hand in den hinteren Räumen meines Ladens und schraubte ein Regal nach dem anderen zusammen. Dann lud ich die fertigen Regale in meinen Lieferwagen und fuhr sie zu meinen Kunden. Zwischendurch nahm ich die Anrufe auf der Bestell-Hotline entgegen. Das Telefon klingelte ununterbrochen. Ausserdem ging ständig die Ladentür auf, und herein kamen: Neue Kunden, Versicherungsvertreter, Strassenmusiker, Mormonen, Gaukler, Taschendiebe. Und Rentner, die sich nach Schrankwänden in dunkel gerauchter Eiche erkundigten.

Ich hätte einen Verkäufer anstellen müssen, aber dafür war ich viel zu sparsam. Stattdessen schraubte ich ein poliertes Messingschild an die Tür: »Geschäft montags bis sonntags geschlossen«. Dann heftete ich einen winzigen Aufkleber auf beide Schaufenster: »Jetzt mit noch weniger Auswahl«.

Es half alles nichts. Täglich kamen neue Bestellungen.

Jeden Morgen wachte ich gutgelaunt auf, zog mir meine schönen, geflochtenen Rentner-Slipper aus Kunstleder an, eine sandfarbene Hose und ein weisses Hemd, und schlenderte pfeiferauchend zu meinem Geschäft. Gemeinsam mit dem Holz-Lieferanten lud ich eine neue Ladung MDF-Platten vom LKW. Scherzte mit vorbeikommenden Kindern. Und baute ein paar Stunden lang Regale. Den Rest des Tages ging ich spazieren.

Ich war sehr glücklich.

Um den Absatz meiner Regale weiter zu steigern und um meinen verhassten schwedischen Konkurrenten endlich vom Markt zu verdrängen, startete ich eine unerhörte Marketing-Kampagne. Ich gab ihr den Namen »Umtausch + Zersägung = Zufriedenheit«. Jeder Besitzer eines schwedischen Billig-

Regals konnte es am 29. September 1999 zu meinem Möbelladen bringen, es dort zu Feuerholz zersägen lassen und dafür kostenlos ein Moebel-Horzon-Regal mitnehmen. Als ich diesen Plan am 27. August auf einer Business-Konferenz in der Berliner Industrie- und Handelskammer vorgestellt hatte, war es nach meinen abschliessenden Worten ganz still geworden. Die Zuschauer hatten dergleichen noch nie gehört. Dann liess sich ein Räuspern vernehmen. Dann Jubelrufe. Dann donnernder Applaus.

Warum ich zu dieser Konferenz eingeladen worden war? Kurz zuvor hatte ich ein Buch veröffentlicht: *Modern sein. Vol. 2*. Glücklicherweise wurde die komplette Auflage auch dieses Buches bei der Überflutung meines Kellers vernichtet. Wenn ich mich recht erinnere, ging es darin hauptsächlich um Fitness, Wissenschaft und Marketing.

Der Marketingteil nahm wahrscheinlich sogar den grössten Teil des Buches ein. Ich hatte ihn aus ungefähr zwanzig verschiedenen Marketing-Fachbüchern abgeschrieben. Damit das nicht auffiel, hatte ich niemals zwei aufeinanderfolgende Sätze aus demselben Buch abgeschrieben, sondern jeden Satz aus einem anderen. Das Ergebnis klang bizarr. Aber die Organisatoren der Business-Konferenz fanden das Buch offenbar so interessant, dass sie mich eingeladen hatten.

Dann kam der Morgen des 29. September, der Tag der grossen Umtausch-Aktion. Wie üblich machte ich mich gegen elf Uhr morgens summend und pfeiferauchend auf den Weg zu meinem Geschäft. Dort angekommen, verschlug es mir fast die Sprache. Vor dem Laden lagen Dutzende von Billig-Regalen, zu einem riesigen Bretterberg aufgetürmt.

Den ganzen Tag verbrachte ich damit, diese Regale vor laufenden Kameras mit einer Motorsäge zu zerkleinern, während mein Mitbewohner Heinrich die Adressen der Einlieferer aufnahm.

Als ich am nächsten Tag in den Baumarkt fuhr, um das Material für die über einhundert Gratis-Regale zu kaufen, traf ich Björn Dahlem, der hier gerade Latten und Lampenfassungen für die allererste jemals von ihm angefertigte Skulptur einkaufte. Ich fragte ihn, ob er nicht Lust hätte, in meinem Laden als Regalbauer auszuhelfen. Denn ich brauchte ja nun dringend Mitarbeiter.

»Gute Idee«, sagte der freundliche Bildhauer, »ich muss nur morgen für zwei Wochen nach Düsseldorf! Aber komm doch heute Abend zu Anselm, wir kochen alle zusammen, das ist eine gute Gelegenheit, Mitarbeiter zu finden.«

Als ich am Abend die Tür zu Anselm Reyles Wohnung öffnete, schlug mir dichter, beissender Qualm entgegen. Alle sassen am Tisch und rauchten Javaanse Jongens: Thomas Zipp, Dirk Bell, Thilo Heinzmann, André Butzer, Björn Dahlem, Marten Frerichs, Guido Baudach. Ich hatte grosse Angst vor ihnen, denn sie waren gekleidet wie Kyniker und trugen dunkle Schlapphüte. Ausser André Butzer, der einen seiner psychedelischen Computer-Strickpullover trug, dazu gebügelte Jeans und Ecco-Schuhe aus hellgrauem Leder-Imitat. Und Anselm Reyle, der ein blütenweisses Hemd trug.

Als sie mich bemerkten, sprang Thilo Heinzmann auf und rief: »Herr Ober, ein Regal bitte!« Dann warf er sich auf den Boden und rollte unter den Tisch.

Auf diesem Tisch stand eine riesige pinkfarbene Bowle, in der Toastbrot und Wiener Würstchen schwammen. Niemand redete, alle starrten mich nur stumm an. Mir fiel auf, dass alle schielten.

Anselm Reyle war der einzige Mensch im Raum, mit dem man noch vernünftig reden konnte. Ich nahm ihn zur Seite und fragte ihn, ob er nicht in meiner Möbelfabrik arbeiten wollte. Aber er hatte andere Pläne. Er zeigte mir bunte glänzende Folien, die er in Streifen schneiden und zu Bildern zusammenkleben wollte. Dann fingen auch die anderen an, von den Bildern zu erzählen, die sie gerade herstellten.

»Warum erlernt ihr nicht vernünftige Berufe und werdet Fliesenleger, Ärzte oder Betriebswirte!«, rief ich. »Das wäre doch sinnvoller! Und vor allem: Ihr wollt doch eines Tages auch etwas Geld verdienen, oder nicht?«

Unbändiges Gelächter war die Antwort.

Sechs oder sieben Jahre später kauften sie sich, einer nach dem anderen: Gutshäuser, Landhäuser, Landsitze, Herrensitze, Herrenhäuser, Wohnhäuser, Wohnungen, Villen, Fabriketagen, ganze Fabriken. Damals waren sie allerdings alle noch sehr arm.

Am nächsten Morgen erschienen Thomas Zipp und Dirk Bell in meinem Laden. Ich war sehr froh, zu dritt machte es viel mehr Spass, Regale zu bauen. Auch weil beide viele interessante Geschichten erzählten. Bei Thomas Zipp ging es meist um Totenköpfe, Salzsäure, Motorräder oder Kettensägen. Bei Dirk Bell um Nymphen, Wiesen, Wälder, Sonnenauf- und Sonnenuntergänge.

Als Thomas Zipp seine erste Ausstellung in Guido Baudachs Galerie Maschenmode am anderen Ende der Torstrasse hatte, gingen wir alle zur Eröffnung. In der ganzen Galerie hatte er alte Sofas, Anrichten und Schrankwande aufgestellt. Als genug Publikum erschienen war, ging er mit einem Kanister umher und übergoss die Möbel mit Benzin. Dann zündete er alles an. Panik brach aus. Glücklicherweise konnte das Feuer schnell wieder gelöscht werden.

»Schöne Arbeit, Thomas!«, sagte Burkhard Riemschneider, der auch gekommen war.

»Hoffentlich macht er das nicht eines Tages auch in meinem Möbelladen!«, dachte ich.

Trotzdem waren es sehr gute Zeiten. Jede Woche wurden noch mehr Regale bestellt, und zwar ausnahmslos von schönen, intelligenten und freundlichen Kunden. Und was meine Mitarbeiter anging, hatte sich bald herumgesprochen, dass in meiner Möbelfabrik ausschliesslich Genies beschäftigt waren, die nach kurzer Zeit zu internationalen Kunst-Stars wurden. Jeder neue Mitarbeiter wurde nun von meinen Galeristenfreunden sehr aufmerksam beobachtet.

Von dem vielen Geld, das ich jetzt verdiente, konnte ich bald grössere Räume für meine Akademie anmieten.

Zur Eröffnung der neuen Seminarräume in der Linienstrasse im Herbst 1999 hatte ich einen Gastredner der Firma Siemens geladen. Die Bundesregierung hatte soeben den Ausstieg aus der Kernenergie beschlossen. Das Thema des Seminars lautete: »Kernenergie – Ist der Ausstieg sinnvoll?« Laut Firma Siemens war er natürlich nicht sinnvoll.

Jahre später, als ich gerade Carl von Siemens im Nachtclub Rio kennengelernt hatte, bat ich ihn sofort, auch eine Vorlesung zu halten. Es wurde eine der lehrreichsten Veranstaltungen in der Geschichte der Wissenschaftsakademie: Ein Seminar über die Urform der Hippiebewegung, über eine Kommune, die sich um 1900 am italienischen Monte Verità angesiedelt hatte. Carl von Siemens kannte sich mit den Gegebenheiten am Monte Verità sehr gut aus, weil seine Familie zufällig an genau diesem Berg eine Villa besass.

Während seine Urgrossmutter also klavierspielend, wie in einem Anselm-Feuerbach-Gemälde, den Blick über die wunderbare Landschaft schweifen liess, erprobte nur einhundert Meter davon entfernt, ebenfalls klavierspielend und dazu wild tanzend, eine Gruppe von Vagabunden eine allen bürgerlichen Vorstellungen radikal entgegengesetzte Form des Lebens und Denkens.

Ich war sehr fasziniert.

Jedes Seminar, das ich in meiner eigenen Akademie besuchte, war ein neuer Pfeiler im riesigen Theoriegebäude der Neuen Wirklichkeit. Und mit jedem Seminar wurde ich noch klüger. *Homines dum docent, discunt:* Indem die Menschen lehren, lernen sie.

Ich sinnierte über das zuvor in der Akademie Gehörte, während ich in meiner Werkstatt Regale baute, während ich die Regale auslieferte, während ich abends das Geld zählte, das ich mit den Regalen verdient hatte.

Die Neue Wirklichkeit hatte mein gesamtes Denken und Handeln umfasst.

KAPITEL II

Nach acht Monaten hatte ich genug vom Sinnieren und dem endlosen Schrauben in meiner Möbelfabrik. Ich wollte baden.

Ins Schaufenster meines Möbelladens hängte ich ein Schild mit der Aufschrift »Sommerpause«, an die Eingangstür der Akademie den Hinweis »Semesterferien«. Dann sagte ich Dirk Bell und Thomas Zipp, dass sie sich nun zwei Wochen lang ganz ihrer Malerei widmen könnten, und ging zum Bahnhof.

Von Berlin fuhr ich nach Paris, in Paris bestieg ich den Nachtzug nach Nizza.

Als der Zug im Morgengrauen in den Bahnhof einfuhr, bemerkte ich, dass der Bahnsteig völlig leer war. Nur ein blinder Bettler mit Turban stand einsam in den morgendlichen Nebelschwaden. Als er meine Schritte hörte, ging er auf mich zu und streckte seine Hand aus.

»Ein Almosen, Monsieur«, sagte er.

Ich kramte nach meinem Geldbündel, das ich mir als Reisegeld eingesteckt hatte, und gab ihm zehn Francs.

»Gebt alles, Monsieur«, sagte der blinde Bettler.

»Aber ... ich habe nicht mehr«, log ich.

»Nur der, der alles gibt, gibt wahrlich, Monsieur«, sagte der blinde Bettler.

Ich überlegte einen Moment, ob das wohl stimmte. Dann holte ich mein gesamtes Geldbündel heraus, behielt nur hundert Francs und gab dem Bettler den ganzen Rest.

»Gesegnet seiet Ihr«, murmelte der Mann und machte sich erstaunlich behende davon. Erst jetzt fiel mir auf, dass er grosse Ähnlichkeit mit Signora Sarasate gehabt hatte! Aber er war schon wieder im Nebel verschwunden.

»Sei's drum«, dachte ich, »dann werde ich eben nicht im Negresco wohnen, sondern bei Tante Ursel, in der Avenue des Palmiers.«

Gutgelaunt und laut singend ging ich vom Bahnhof zur Avenue Jean Médecin und spazierte sie bis zur Place Masséna herunter. Dann bog ich ab in die recht kleine Rue Saint-François de Paule, wo sich – Hausnummer 14 – mein erstes Reiseziel befand: Die Olivenhandlung Alziari. Wie immer kaufte ich fünf Flaschen Oliven-Shampoo, das dort nach uralter Rezeptur hergestellt wird. Sofort goss ich mir ein wenig davon in den Ausschnitt und atmete den einzigartigen Geruch ganz tief ein. Dieses Oliven-Shampoo riecht übrigens überhaupt nicht nach Oliven, sein Olivenöl-Anteil beträgt auch nur ein halbes Prozent. Aber es wird tatsächlich in der Oliven-Mühle Alziari hergestellt und ist das einzige erträgliche Shampoo der Welt. Ich creme meinen Körper auch heute noch, trotz meines hohen Alters, täglich mit diesem Shampoo ein, es hält meine Haut weich und geschmeidig.

Nach meinem Einkauf bei Alziari ging ich ein paar Schritte weiter zur Rue Milton Robbins, der engsten Strasse von Nizza, die auf die Promenade des Anglais zuläuft. Einzig und allein um den Effekt zu geniessen, der sich ergibt, wenn man aus dieser dunklen Gasse plötzlich auf die schönste und hellste Promenade der Welt tritt und auf das hellblaue Mittelmeer schaut!

Sehr entspannt und ausgeglichen überquerte ich die Promenade und schaute von der Brüstung auf den weissen Kieselstrand hinunter.

Dass Nizza keinen Sandstrand besitzt, sondern einen Kieselstrand, wird von vielen als Nachteil angesehen. Dabei hat feiner Sand viel grössere Nachteile: Er ist sehr gefährlich für Kameras, er macht das Essen am Strand unmöglich, er rieselt abends auch nach dem Duschen immer noch aus den Haaren ins Bett.

Ausserdem ist es ja dieser Kieselstrand, der dem Meer von Nizza seine helle, azurblaue Farbe verleiht: Während sich die Kiesel in der Brandung aneinanderreiben, produzieren sie nämlich ein feines weisses Kalkmehl, wodurch das Wasser milchig wird und dann durch die Spiegelung des dunkelblauen Himmels hellblau erscheint. Diese Entdeckung habe ich selbst gemacht, als ich die Brandung von Nizza einmal einen ganzen Tag lang beobachtet hatte, und ich halte sie für eine der wichtigsten wissenschaftlichen Erkenntnisse, die ich der Nachwelt hinterlassen werde.

Mit meiner Tüte voller Oliven-Shampoo schlenderte ich also die Promenade entlang und blinzelte zufrieden in die Sonne, als mein Blick eine Reihe von Ruderbooten streifte, die am Sporting Beach vor dem Hotel Westminster in der Sonne glänzten.

Sofort mietete ich von den letzten Francs, die ich noch hatte, das grösste Boot und ruderte hastig aufs Meer hinaus. Arthur Cravan kam mir in den Sinn. Bas Jan Ader kam mir in den Sinn.

Ich ruderte so lange, bis die Menschen am Strand so klein waren wie Sandkörner. Dann nahm ich das rechte Ruder aus der Dolle, schlug damit aber nicht auf Jude Law ein, wie es Matt Damon in *Der talentierte Mr. Ripley* tut, sondern stellte es senkrecht auf den Boden und verkantete es geschickt zwischen Ruderbank und Schiffsspanten. Dasselbe machte ich mit dem anderen Ruder am anderen Ende der Ruderbank. Dann spannte ich zwischen die so geschaffenen Masten mein aufgeknöpftes weisses Hemd.

Kräftiger Nordostwind trieb mich nun mit ungefähr sechs Knoten an der Küste entlang, Richtung Westen, so dass ich schon nach drei Stunden Fahrt das Cap d'Antibes umrundete und Kurs auf Cannes nehmen konnte. Da ich buchstäblich jeden Sommer meiner Kindheit auf einem Schärenkreuzer in Schweden verbracht hatte, war ich ein ausgezeichneter Segler.

Vor dem Hotel Martinez, das ich ansteuerte, weil es das erste an der Croisette ist, erregte die Ankunft meiner Yacht grosses Aufsehen. Ein amerikanischer Tourist war so beeindruckt von den Linien meines Bootes, dass ich es ihm schliesslich für zehntausend Francs verkaufte.

Durch die entbehrungsreiche Zeit auf hoher See – ich hatte ja nur meine Shampoo-Flaschen dabeigehabt, die ich, das wusste ich, auf keinen Fall austrinken durfte! – hatte ich schon angefangen zu halluzinieren. Überall sah ich Signora Sarasate! Schleunigst ging ich ins Restaurant des Hotel Martinez, wo ich übrigens nur vier Jahre später um die Hand meiner Frau anhalten sollte, und bestellte einen Liter Wasser und ein blutiges Steak.

Danach spazierte ich am Strand entlang bis zum Collège International, an dem ich ein paar Jahre zuvor meinen ersten Französisch-Kurs belegt hatte. An einem Büdchen am Strand kaufte ich mir als Proviant ein Pan Bagnat: Ein weiches rundes Brot mit Thunfisch, gekochten Eiern, Tomaten, Zwiebeln und Salat. Damit ging ich zum Bahnhof, stieg in den silbernen Zug, der von den Einheimischen nur der »Küstenblitz« genannt wird, und fuhr zurück nach Nizza.

Zu dieser Zeit war es noch möglich, die Türen dieser Züge während der Fahrt aufzuziehen und sich vom Fahrtwind abkühlen zu lassen. Später wurden die Züge leider umgerüstet, und zwar zur selben Zeit und vom selben Unternehmen wie die alten Holzwaggons der Berliner S-Bahn, so dass man danach weder in Nizza noch in Berlin während der Fahrt die Türen öffnen konnte.

Hätte ich dies damals schon gewusst, während ich in der offenen Tür des Küstenblitzes sass, zufrieden mein Pan Bagnat kaute und draussen in der Abendsonne die endlose Kieselküste vorbeiziehen sah, dann hätte ich diese Fahrt vielleicht noch ein wenig mehr genossen.

Vom Bahnhof nahm ich diesmal einen anderen Weg hinunter an die Promenade. Als ich am Ruhl vorbeikam, bemerkte ich einen schwedischen Admiral, der gerade das Casino verliess. Er hatte wohl soeben sein gesamtes Vermögen verspielt, setzte sich auf eine der kleinen Bänke im Casinogarten und beendete sein sinnlos gewordenes Leben mit seiner Dienstpistole. Wie auch schon viele andere Spielsüchtige vor ihm, weswegen der kleine Casino-Park im Volksmund auch das »Selbstmördergärtchen« genannt wird.

Etwas betrübt setzte ich meinen Spaziergang fort, schlenderte am Krankenhaus vorbei, in dem Klaus Mann seinen letzten Heroin-Entzug versucht hatte, und kam schliesslich an die Nietzsche-Terrassen, den Lieblingsspazierweg des bekannten Philosophen, der hier mehrere Sommer verbracht hatte, bevor er dann endgültig wahnsinnig wurde.

Aber auch noch die trübsten Gedanken werden hinweggeblasen, sobald man die Promenade von Nizza betritt. Besonders wenn es zu dämmern beginnt, verströmt diese Palmenallee eine Atmosphäre, die alles gross und schön macht.

Zufrieden mit meinem Tagewerk und mit mir und der Welt vollkommen im Reinen, legte ich mich auf den noch warmen Kieselstrand und schlief ein.

Am nächsten Morgen nahm ich ein ausgiebiges Bad im hellblauen Meer, kaufte mir zum Frühstück eine Wassermelone und ging einige Stunden am Ufer spazieren. Was machte eigentlich den besonderen Reiz dieser Promenade aus? Es waren die Palmen, es war der Himmel, es war der Strand, und es war das Meer. Aber das Wichtigste fiel mir erst jetzt auf: Es waren natürlich die vielen bulgarischen und rumänischen Prinzen, die hier in einer Art Einheitskleidung den lieben langen Tag von einem Ende der Promenade zum anderen spazierten. Diese Kleidung bestand aus weissen Hosen, weissen Lederslippern und dunkelblauen, kurzärmeligen Hemden.

Sofort besuchte ich den erstbesten Herrenaustatter und liess mich der Ortstracht entsprechend einkleiden. Und obwohl ich ja eigentlich nach Nizza gefahren war, um mich von der Geschäftswelt in Berlin abzulenken, kam mir nun, als ich in meiner neuen Uniform auf die Strasse trat, eine geniale Idee. Eine Geschäftsidee.

Ich wollte eine Modefirma gründen, die ausschliesslich diese Einheitskleidung im Programm haben sollte: Weisse Hose, blaues Hemd, weisse Slipper. Und für Damen einen weissen Rock und eine blaue Bluse. Mit dieser Beschränkung auf das Wesentliche plante ich, an meinen grossen Erfolg in der Möbelbranche anzuknüpfen.

Stolz lief ich in meiner neuen Uniform noch etwas die Promenade auf und ab, bis mir einfiel, dass ich doch meine Tante Ursel hatte besuchen wollen. In meiner neuen Aufmachung konnte ich nun ohnehin nicht mehr auf den Strandkieseln übernachten. Und ins Hotel konnte ich auch nicht mehr ziehen, denn die zehntausend Francs, die ich mit dem Segelboot verdient hatte, waren schon fast wieder ausgegeben.

Ich ging also zur Place Masséna, kaufte meiner Tante als Gastgeschenk eine Schachtel Pralinen und machte mich auf den Weg in die Avenue des Palmiers. Meine Tante war wie immer damit beschäftigt, ihre Glyzinie, die in riesigen violetten Kaskaden vom Eingangstor ihrer Villa fiel, mit einer Kneifzange zu stutzen. Als sie mich sah, fiel sie vor Überraschung fast von der Leiter, denn ich hatte mich ja nicht angekündigt.

»Rafi, wie schön du gekleidet bist! Aber wo ist dein Gepäck?«, rief sie von oben herunter.

»Aber Tante«, rief ich nach oben, »ich habe doch nie Gepäck! Ich reise doch immer nur mit einer winzigen Plastiktüte, in der sich lediglich meine Kamera und meine Zahnbürste befinden.« Dabei hielt ich meinen riesigen blauen Seesack in die Höhe.

Nach diesem kurzen Dialog – mehr hatten meine Tante und ich uns auch nicht zu sagen, wir mochten uns einfach so – gingen wir in die Küche und machten uns etwas zu Essen.

Die nächsten zehn Tage verbrachte ich in der Villa meiner Tante. Im Garten sammelte und presste ich Blumen für ein neues Projekt, das ich plante, ein gigantisches pflanzenkundliches Werk namens *Flora Meridiana*. Den Rest der Zeit lag ich untätig in der Kieselbrandung von Nizza.

Irgendwann bekam ich allerdings so grosse Sehnsucht nach Madame Glowny, dass ich nach Berlin zurückfuhr. Als Erstes lief ich in die Winsstrasse, stieg die zwei Treppen empor, klingelte – doch Madame Glawny war nicht da. Am nächsten Morgen fuhr ich noch einmal vorbei – sie war wieder nicht da. Um mich abzulenken, stürzte ich mich in die Arbeit. Ich beauftragte den bekannten Schneider Rodriguez Knoll, die Prototypen meiner Kollektion herzustellen. Einen Namen für meine Modefirma hatte ich auch schnell gefunden: *Yves Saint Lautréamont.* Leider wurde mir dieser Name von den strengen Anwälten des Modezaren in Paris verboten.

Der Name, den ich daraufhin als Referenz an das Schwesterunternehmen Moebel Horzon konstruierte, war dann allerdings den Anwälten des deutschen Modezaren nicht genehm: *Karl Regalfeld.*

Also nannte ich meine Modefirma schliesslich *Gelee Royale.* Dieser Name wurde bekanntlich bis auf drei Buchstaben von meinen Freunden übernommen, als sie ein paar Jahre später ihr Restaurant Grill Royal eröffneten, aber dazu später.

Als die ersten Hosen und Hemden nach nur achtzehn Wochen fertig waren, rief ich meine gutaussehende Cousine Isabelle, den jungen Diplomaten André Czech und den bekannten Gesellschaftsreporter Ingo Mocek an und fuhr mit ihnen auf einen nahe gelegenen Sportflugplatz.

Die Aussage der Fotos, die ich von meiner ersten Kollektion machte, und auf denen sich meine Models im Sportwagen-Flughafen-Milieu die Hände schütteln, sollte sein: In Kleidung von Gelee Royale vergeht kein Tag, ohne dass du interessante Menschen kennen und lieben lernst.

Danach organisierte ich eine grosse Gelee-Royale-Gala im Nachtclub WMF. Es ist wohl nicht übertrieben zu behaupten, dass Berlin eine derartige Party noch nicht gesehen hatte. Als nach diversen DJs und Vorbands Marcel Hüppauff und Markus Selg mit ihrem Projekt Nightshift in lackledernen Fetisch-Anzügen auftraten, wurde mir kurz schwarz vor Augen, so voll war es, und so dünn war die Luft. Denn natürlich war der Eintritt zu dieser Veranstaltung frei. Bezahlt wurde alles von der Direktion der Modefirma Gelee Royale. Leider erfuhr davon aber niemand. Und auch die Models, die ich dafür bezahlt hatte, dass sie sich in Kleidung von Gelee Royale unter die Gäste mischten, gingen im Gedränge vollkommen unter. Auf grosse Banner oder aufdringliche Logo-Projektionen hatte ich ebenfalls verzichtet. Niemand hatte also einen Schimmer, was Gelee Royale war, es wusste sogar niemand, dass es überhaupt eine Modefirma mit diesem Namen gab.

Deshalb stürmten am folgenden Tag auch keine Massen in das Gelee-Royale-Geschäft. Denn das grösste Problem war, dass es überhaupt kein Gelee-Royale-Geschäft gab!

Wie hatte das passieren können? Es ist leicht erklärt: Kurz vor der Gründung meiner Modefirma war das sogenannte Internet erfunden worden, und um alle Firmen, die auch nur ganz entfernt etwas mit diesem neuen Medium zu tun hatten, entstand eine unfassbare Hysterie. All meine Freunde waren in diesem Jahr innerhalb weniger Tage zu Multi-Millionären geworden:

Ein Freund hatte eine Firma gegründet, die Hundehalsbänder im Internet anbot. Nur einen Tag später wurde ihm diese Firma von Investoren für drei Millionen Mark abgekauft. Ein anderer hatte eine Seite konstruiert, auf der er Zahnbürsten anbot. Am nächsten Tag verkaufte er sie für vier Millionen Mark.

Geschäftsräume schienen plötzlich nicht mehr nötig zu sein, wenn es darum ging, innerhalb kürzester Zeit steinreich zu werden. Also hatte auch ich darauf verzichtet, einen Laden für meine Modefirma zu mieten. Der Verkauf, so sagte man damals, wurde ins Internet verlagert.

Als dann nach ungefähr einem Jahr klar wurde, dass in der gesamten Zeit kein einziges Hundehalsband und keine einzige Zahnbürste im Internet verkauft worden waren, fiel das weltweite Internet-Kaufhaus mit einem grossen Knall in sich zusammen.

Auch der Internet-Shop von Gelee Royale hatte in neun Monaten nicht einen einzigen Verkauf zu verzeichnen.

Dies sollte nur der erste von vielen spektakulären Misserfolgen in meiner langen Laufbahn als Geschäftsmann sein.

KAPITEL 12

Einige Tage nach der Gelee-Royale-Gala sass ich traurig in meiner Wohnung in der Brunnenstrasse und dachte darüber nach, warum meine Modefirma ein so katastrophaler Misserfolg war. Auf meinem Mahagoni-Sekretär stapelten sich Rechnungen. Rodriguez Knoll, die Models, der Nachtclub WMF, die zahllosen DJs und Musiker, das Fotolabor, der nahegelegene Flugplatz: Sie alle wollten das Geld haben, das ich mit Gelee Royale überhaupt nicht verdient hatte.

»Heinrich, wir sind bankrott!«, rief ich von meinem riesigen Zimmer hinüber in das nächste riesige Zimmer, in dem Heinrich wohnte.

Ich bekam keine Antwort.

»Heinrich, bist du da?«, rief ich.

Keine Antwort.

Besorgt stand ich auf und ging hinüber. Heinrich sass auf einem Campingstuhl in der Mitte seines ansonsten vollkommen leeren Zimmers. Er trug eine weisse Toga und Schnabelschuhe, seine langen Haare hatte er in einem Haarnetz gebündelt. Mit den Händen fuhr er sich versonnen durch den langen Bart, dabei sah er mit leerem Blick durch seine viel zu grosse, goldgerahmte, tropfenförmige Brille hindurch aus dem Fenster.

»Was machst du da?«, fragte ich.

Keine Antwort.

»Bist du krank?«

Keine Antwort.

Dann, nach langem Schweigen, als ich gerade schon auf leisen Sohlen das Zimmer verlassen wollte, sagte Heinrich seltsam gedehnt durch die Nase:

»Ich denke nach ...«

Wie ich später herausfand, gestaltete er vor seinem geistigen Auge gerade ein Bild, das er zu malen gedachte. Thomas Zipp hatte uns beide und ein paar andere Freunde gefragt, ob wir an einer Ausstellung in Guido Baudachs Galerie teilnehmen wollten, die er zusammenstellte. Jeder sollte einen Totenkopf malen. Natürlich hatte ich sofort abgesagt.

»Du weisst doch, ich bin Unternehmer und kein Künstler«, hatte ich ihm erklärt.

Zur Antwort hatte Zipp mit seinem asymmetrischen Blick durch mich hindurchgesehen und war achselzuckend davongegangen.

Heinrich dachte zumindest noch mehrere Tage intensiv über sein Totenkopf-Bild nach, bevor er es dann doch nicht malte.

Er wohnte jetzt schon mehrere Monate in meiner Wohnung. Eines Abends war er bei mir angekommen, mit einer riesigen schwarzen Stofftasche, so gross wie ein Kleiderschrank. Als er sie in der Mitte seines neuen Zimmers ausschüttete, kamen allerdings keine Kleider zum Vorschein, sondern: Berge von homöopathischen Medikamenten. Gebirge von Medikamenten. Globuli, Fläschchen, Tabletten, viele tausend Stück.

Was mich aber noch mehr faszinierte, war, dass Heinrich nie ass. Er ernährte sich ausschliesslich von Saft. Ständig war er auf der Suche nach neuen exotischen Sorten: Gurken-Saft. Gras-Saft. Rinden-Saft. In all den Monaten habe ich ihn kein einziges Mal ohne eine dieser Saftflaschen gesehen, aus denen er ununterbrochen kleine Schlückchen nahm.

Ein paar Monate nach seinem Einzug kaufte Heinrich sich als einziges Mobiliar einen Plattenspieler und baute innerhalb kürzester Zeit eine imposante Plattensammlung auf. Von morgens bis abends legte er nun Ragga-Platten auf. Lange bevor irgendjemand in Berlin wusste, dass es so eine Musik überhaupt gab. Dazu stöckelte er langsam in seinem Zimmer auf und ab, gestützt auf einen gläsernen Spazierstock, und dachte nach.

Ständig entwickelte er neue Obsessionen. Eines Abends kam er mit zwei riesigen Büchern nach Hause. Es waren Bücher über rituelles japanisches Bogenschiessen. Wochenlang studierte er gewissenhaft jede Zeile und jede Abbildung, dann bestellte er sich aus Japan ein rituelles Gewand und einen rituellen Bogen. In diesem Ornat begab er sich zum Berliner Bogenschützen-Verein. Zwei Stunden später kam er zurück nach Hause. Er erzählte mir nie, was in dem Verein vorgefallen war, aber die Beschäftigung mit dem Bogenschiessen war damit abgeschlossen.

Dann widmete er sich dem Fechtsport. Es war wohl weniger der Sport, der ihn interessierte, als die weissen Drahtmasken und Anzüge, die man beim Fechten tragen musste. Vielleicht hatte er sich die Fecht-Ausrüstung aber auch nur gekauft, um damit in Dirk Bells Bar in der Marienstrasse aufzulegen.

Kurz nach der Fecht-Periode verlegte er sich auf Hunde. Monatelang studierte er Fachmagazine zur Aufzucht und Haltung von Windhunden. In dieser Zeit rauchte er auch nur Shepheard's-Hotel-Zigaretten und trug ausschliesslich Kleidung von Trussardi, weil beide Firmen Windhunde als Markenzeichen hatten.

Die Monate danach widmete er sich ganz der Beobachtung von Rauch. Er hatte eine Rauchanlage in einen Plexiglas-Kasten montiert und beobachtete tagelang die darin entstehenden Formationen. Fasziniert von ihrer Unkontrollierbarkeit.

»Wenn irgendjemand die Neue Wirklichkeit gesehen hat, dann er!«, dachte ich, als ich ihn durch den Türspalt in seinem Rauch-Zimmer beobachtet hatte. Wahrscheinlich hatte er in dieser Zeit die Theorie des Dritten Weges unbewusst schon viel konsequenter umgesetzt als ich.

Leider entschloss er sich irgendwann aber doch dazu, Künstler zu werden. Der übliche Werdegang eines jungen Menschen mit interessanten Ideen. Ich hatte noch versucht, ihm die Theorie der Neuen Wirklichkeit zu erklären, aber Heinrich hatte nur einen Zug aus seiner Birkensaft-Flasche genommen und war an mir vorbeigestöckelt.

»Heinrich, wir sind bankrott!«, fing ich also noch einmal von vorne an. »Es hat immer noch kein einziger Mensch ein Hemd von Gelee Royale bestellt! Oder eine Hose!«

Heinrich sagte nichts und sah nur starr aus dem Fenster.

Dann drehte er sich plötzlich doch zu mir, sah mich an und fragte, seltsam gedehnt: »Auch keine Kopfkrawatte?«

Denn genau gesagt bestand die Gelee-Royale-Kollektion nicht nur aus Hemd, Hose und Rock. Es gab auch die Kopfkrawatte: Sie war aus Stretch-Stoff genäht, und endete in einer Schlinge, die man einfach über den Hemdkragen ziehen konnte. Nach einem Tag im Büro konnte man damit direkt auf den Tennisplatz fahren und brauchte nur die Schlinge vom Hals auf die Stirn zu schieben, als Schweissband. Ausserdem hatte diese Spezialkrawatte eingenähte Fächer für Kreditkarten und Geldscheine, so dass man im

Tennis-Café aus dem Schlips heraus sein Getränk bezahlen konnte.

Heinrich hatte grossen Enthusiasmus gezeigt, als es darum ging, die Kopfkrawatte herzustellen. Ich hatte vorher auch schon versucht, ihn in meiner Möbelfabrik zu beschäftigen, aber er hatte sich so ungeschickt angestellt, dass wir den Plan aufgeben mussten. Nun wurde mir klar, dass er sich nur verstellt hatte. Innerhalb eines Tages hatte er eine Nähmaschine aufgetrieben und die sehr komplizierte Kopfkrawatte zusammengenäht. Ausserdem hatte er dafür gesorgt, dass noch vor dem Start von Gelee Royale im wichtigsten Modemagazin der Welt, *purple*, ein fünfseitiger Artikel über die Kopfkrawatte erschienen war.

Daher also Heinrichs plötzlich erwachtes Interesse.

»Keine einzige Kopfkrawatte?«, fragte er, entgeistert. »Aber ich habe doch gerade erst zwanzig Ballen Krawattenstoff aus Lettland geordert, wovon sollen wir die denn nun bezahlen?«

In diesem Moment schrillte das Telefon. Die Moebel-Horzon-Bestell-Hotline! Gottseidank gab es diese Firma ja auch noch!

»Hier spricht Koze«, sagte die Stimme am anderen Ende der Leitung, »Koze aus Hamburg. Ich möchte einhundert Regale für meine riesige Plattensammlung bestellen.«

Aufgeregt notierte ich mir die Adresse des Anrufers. Erst drei Tage zuvor, als Koze mit einer riesigen Wolfshaar-Perücke in Berlin aufgetreten war, hatte ich festgestellt, dass es sich hier um den weltgrössten lebenden Musiker handelte.

Heinrich rief sofort unsere Freunde Carsten Jost und Lawrence in Hamburg an, um Bescheid zu geben, dass wir am nächsten Wochenende nach Hamburg kommen würden.

Dass Carsten Jost, der in Wirklichkeit David Lieske hiess, nur wenige Jahre später ein weltberühmter Künstler sein würde, war ihm damals wahrscheinlich auch noch nicht klar. Er hatte gerade erst mit Lawrence, der in Wirklichkeit Pete hiess, die Plattenfirma dial gegründet, und Heinrich wollte nun unbedingt mit ihnen zusammen im Pudel Club Platten auflegen.

Drei Tage später beluden wir einen riesigen Lastwagen mit Kozes einhundert Regalen. Dann setzte sich Heinrich ans Steuer, ich setzte mich auf den Beifahrersitz, und wir fuhren los.

Nach ein paar Metern merkte ich, dass Heinrich in die falsche Richtung fuhr.

»Hier geht es aber nicht nach Hamburg!«, rief ich.

»Ich muss mich ganz kurz noch umziehen ...«, sagte Heinrich gedehnt, während er vor unserem Haus einparkte.

»Wie bitte?«, rief ich, »Es ist doch schon neunzehn Uhr neunzehn! Wir wollten doch jetzt eigentlich schon in Hamburg sein!«

Wortlos warf Heinrich die Fahrertür zu und verschwand in unserem Hauseingang.

Drei Stunden später kam er wieder heraus. Zu seinen goldenen Boxerschuhen trug er einen Trainingsanzug aus knisternder gelber Ballonseide, um den Hals hatte er sich mehrere schwere goldene Ketten mit batteriebetriebenen flackernden und blitzenden Anhängern gewickelt. Auf dem Kopf trug er zwei neongrüne Truckermützen übereinander, und auf diesen Truckermützen noch eine Mütze mit Mickymaus-Händen, mit denen man Applaus klatschen konnte. Seine Brillengläser hatte er mit Edding schwarz angemalt und nur zwei augenförmige Öffnungen freigelassen, durch die man so gut wie nichts sehen konnte. Dazu trug er riesige DJ-Kopfhörer, aus denen Lärm drang.

Als er sich, blinkend und blitzend, ans Steuer gesetzt hatte, drehte er auch noch das Radio im Fahrerhaus ganz auf. In der einen Hand hielt er eine riesige Flasche Club-Mate, in der anderen eine Dose Red Bull. Da er so nicht kuppeln konnte, fuhr er die gesamte Strecke nach Hamburg im ersten Gang. An jeder Tankstelle mussten wir anhalten, um den glühenden Motor mit kaltem Wasser zu übergiessen und neue Red-Bull-Vorräte für Heinrich zu kaufen. Insgesamt muss er auf dieser Fahrt an die acht Liter der aufpeitschenden Limonade getrunken haben.

Als wir weit nach Mitternacht endlich in Hamburg ankamen, zitterte Heinrich so stark, dass er kaum noch lenken konnte. Wir hatten nun auch keine Zeit mehr, Koze seine Regale zu bringen, sondern mussten direkt mit dem LKW zum Pudel Club. Beim Einparken rammte Heinrich drei Autos in der Bernhard-Nocht-Strasse, dann noch zwei in der Davidstrasse, bis wir auf die Idee kamen, direkt in der Menschenmenge vor dem Club zu parken.

Heinrichs Auftritt war ein unbeschreiblicher Erfolg. Es war die Geburtsstunde der grossen Ragga-Begeisterung, die zwei Tage später dann ganz Hamburg erfassen sollte.

Als wir am nächsten Abend aufwachten, fuhren wir sofort zu Kozes Studio. Koze hatte zum Glück überhaupt nicht gemerkt, dass wir einen Tag zu spät gekommen waren. Anscheinend war er am Tag davor auch gar nicht in Hamburg gewesen, sondern, wie ich seinen Erzählungen entnahm, in Acapulco.

Auf der Rückfahrt nach Berlin übernahm ich lieber selbst das Steuer. Heinrich war auch viel zu erschöpft, er schlief während der ganzen Fahrt. Ich legte Kozes neue CD ein, die unter seinem Künstlernamen Adolf Noise erscheinen sollte. Eine der besten CDs, die ich je gehört hatte.

Während ich durch die Nacht fuhr, kam mir eine Idee. Eine Geschäftsidee. Es musste sofort eine neue Firma gegründet werden! Kürzlich, bei einem meiner ausgedehnten Spaziergänge, war mir nämlich die verstörende Hässlichkeit Berlins aufgefallen. Jetzt kam mir plötzlich die Idee, wie man diesen Makel beseitigen konnte: Mithilfe von Fassaden-Elementen, mit denen man sämtliche Gebäude und Baulücken Berlins einheitlich verkleiden müsste!

Und wenn ich nun schon eine Möbelfabrik, eine Modefirma und bald auch ein Bauunternehmen besitzen würde, dann wäre der nächste konsequente Schritt auch bald gemacht: Vor meinem inneren Auge sah ich eine Firma entstehen, in der buchstäblich alle Bereiche des menschlichen Lebens gestaltet wurden. Eine Firma, in der weissgekleidete Forscherinnen und Ingenieure die Erscheinungsform der gesamten Welt neu konstruierten.

KAPITEL 13

Am Tag nach meiner Rückkehr aus Hamburg erhielt ich einen Anruf. Es war Paul Snowden, schon damals der bedeutendste Grafik-Designer Deutschlands. Zwei Wochen zuvor hatte er Regale bei mir gekauft, für seine mehr als fünftausend Paar umfassende Turnschuh-Sammlung. Nun hatte er einen Artikel über mich im *Spiegel* gelesen und schlug mir eine Zusammenarbeit vor:

»Rafael, es geht um ein Projekt«, sagte er in seiner sehr konzentrierten, neuseeländischen Art, »das können wir zusammen machen. Eine Agentur, wie eine Fotoagentur, die Aufträge vermittelt. Wie Magnum. Aber nicht für Fotografen. Sondern für Grafik-Designer. Und vielleicht auch für Möbel-Designer.«

Ich war sofort interessiert. Nicht so sehr an der Idee der Vermittlung, die Paul im Sinn hatte. Aber am Abend zuvor hatte ich diese Vision gehabt: Ein weisser Raum, in dem weissgekleidete Menschen die gesamte Welt neu gestalten. Nicht nur grafisch, und nicht nur mit Möbeln. Sondern in allen Bereichen. Alle Bereiche des Lebens sollten neu gestaltet werden: Die Sprache. Die Zeit. Die Kleidung. Die Architektur. Die Nahrung. Die Währung. Die Gesellschaftsform. Ich erklärte Paul den Plan für ein solches Unternehmen, neben dem das Bauhaus wie eine Hüttenburg von Träumern dastehen würde. Wie ein Laubhaufen. Er war begeistert. Und er hatte sofort den unfassbar genialen Namen für diese neuartige Firma gefunden: *Redesigndeutschland*.

Zehn Minuten später sass ich in Pauls Wohnzimmer am Strausberger Platz, mit Blick auf die neunundzwanzig Meter hohe Fontäne. Aus dem Nachbarzimmer, dessen Tür schwarz angemalt war, drang infernalischer Lärm. Als ich das verdunkelte Zimmer betrat, erhob sich ein erschöpfter junger Mann mit sehr sorgfältig gescheitelten blonden Haaren. Es war Christoph de Babalon, der schon damals besonders in Japan für seine Musik verehrt wurde. Matt lächelnd gab er mir die Hand und erklärte mir, dass er gerade an einem neuen Werk namens *Opium* arbeitete. Interessiert lauschte ich ein wenig. Es waren die einzigen Momente meines Lebens, in denen ich ernsthaft über Selbstmord nachdachte.

Schnell ging ich wieder ins Wohnzimmer zurück. Paul und ich waren uns einig, dass die Firma, die wir planten, so neuartig sein würde, dass wir ein Manifest brauchten. Dieses Manifest wollten wir tausendfach drucken und in der ganzen Stadt verteilen, damit alle sofort verstanden, wie allumfassend unser Anspruch war. Sicherlich würden wir dann schnell sehr viele Aufträge bekommen und sehr reich werden.

Innerhalb von zehn Minuten hatten wir ein zehn Punkte umfassendes Manifest verfasst. Es war in einem stark vereinfachten Deutsch geschrieben. Denn unsere Firma sollte alles Überflüssige abschaffen, auch viele überflüssige Regeln der deutschen Grammatik.

Dann ging ich nach Hause und entwarf Mobiliar für das grosse Büro, in dem wir bald mit vielen anderen Menschen arbeiten wollten. Auf einen Bogen Millimeterpapier zeichnete ich mit Lineal und Kugelschreiber einen Stuhl, dann einen Tisch. Beide bestanden aus genau vier gleich grossen quadratischen Platten. Die Konstruktion war so einfach, dass jeder Mensch in kürzester Zeit diese Möbel bauen konnte. Denn der Kernsatz unseres Manifests lautete:

Die einfachste Lösung ist die beste Lösung.

Dieser Satz bestimmte unser gesamtes Denken und Handeln der nächsten Monate. Wobei er mein eigenes Leben auch vorher schon bestimmt hatte und es auch heute, trotz meines hohen Alters, immer noch bestimmt.

Die ganze Nacht hindurch arbeitete ich an den Prototypen der quadratischen Stühle und Tische, die unter dem Namen *Arbeitsplatz 01* zu einem der wichtigsten Redesigndeutschland-Produkte wurden.

Nach nur drei Stunden Schlaf stand ich am nächsten Tag auf, kleidete mich an, frühstückte, hörte etwas Jazz. Dann besprach ich mich mit Paul, und wir machten uns auf die Suche nach geeigneten Räumen und Mitarbeitern. Schon kurze Zeit später hatten wir eine Gruppe aussergewöhnlicher Persönlichkeiten versammelt, mit denen wir die Neugestaltung der Welt beginnen wollten:

Zunächst Ingo Niermann. Athletisch, mit einem länglichen Gesicht und blauen Augen, die seine britische Attitüde betonten, war er ein exzellenter Schwimmer. An mehreren Abenden im Nachtclub Pogo war er mir ausserdem als guter und ausdauernder Tänzer aufgefallen. Bald bemerkte ich, dass er nicht nur grosse musikalische, sondern sogar universale Bildung besass. Und er hatte sich nicht einfach nur Wissen angeeignet – er war auch von erschreckender Intelligenz.

Ich verabredete mich mit ihm im Schlosspark von Sanssouci und erläuterte ihm die Idee unserer neuen Firma, die wir alle bald nur noch RDD nannten. Er war begeistert. Sofort machten wir uns im Schloss-Café mithilfe eines Grammatik-Lehrbuchs daran, eine auf zehn Regeln reduzierte RDD-Grammatik zu entwerfen. Dafür rissen wir einfach alle überflüssigen Seiten aus dem Lehrbuch heraus. Dann übersetzten wir das Manifest unserer Firma in diese neue Sprachform, die wir erst *neudeutsch* nannten, später *rededeutsch* – als Abkürzung für *redesigndeutsch*. Der Kernsatz unseres Manifests lautete nun:

Einfachst loesung sein gutst loesung.

Unsere Grammatik war so konstruiert, dass sie nicht nur auf die deutsche Sprache, sondern auf alle Sprachen der Welt angewendet werden konnte. Das Versprechen einer universellen Grammatik, etwas, wovon die Menschheit seit vielen hundert Jahren geträumt hatte, war damit plötzlich, und wie im Vorübergehen, eingelöst worden. Unsere zehn Regeln waren innerhalb einer Stunde erlernbar – und damit auch jede Sprache der Welt. Man brauchte nur das Wörterbuch einer fremden Sprache und konnte sich sofort mit jedem Menschen dieser Erde in dessen Muttersprache verständigen.

Wir waren so überwältigt von der Bedeutung dieser weltverbindenden Erfindung, dass wir die schwarzhaarige und, wie wir bemerkt hatten, spanische Kellnerin des Schloss-Cafés an unseren Tisch riefen.

»Solucion el mas facil ser solucion el mas bueno«, sagte ich zu ihr in seltsam falsch klingendem, aber grammatikalisch einwandfreiem *redespanisch*, wobei ich versuchte, diesen Kernsatz unseres Manifests möglichst ausdruckslos aufzusagen. Möglich, dass ich die Kellnerin dabei mit halb geschlossenen Augen ansah. Ihre Reaktion war sehr eindeutig.

Wortlos legte sie unsere Rechnung auf den Tisch, gab mir eine kräftige Ohrfeige und ging zurück in die Küche.

»Sie hat dich verstanden!«, flüsterte Ingo Niermann begeistert.

Beeindruckt vom tadellosen Funktionieren unserer Erfindung zahlten wir unsere Rechnung – diesmal bei einer blonden Kellnerin, mit der wir sicherheitshalber hochdeutsch redeten –, gingen in den Schlosspark hinaus und freuten uns über unseren grossen Erfolg. Dann fuhren wir zurück nach Berlin.

Zu Hause angekommen übertrug ich in nur einer Nacht den Eingangsmonolog des *Faust* ins rededeutsche, um aller Welt die Funktionsweise dieser neuen Grammatik zu beweisen:

Ich nun haben studieren, ach,
philosophie, jura und medizin,
und leider auch theologie
durchaus, mit heiss bemuehung.
Da ich stehen nun, ich arm tor,
und sein so klug wie zuvor!
...

Der alte Text klang nun, wie ich fand, sehr frisch und modern! Die Geschichte von Faust, der alles wissen und verstehen wollte und dafür seine Seele an den Teufel verkaufte, bewegte mich sehr. »Das Schöne ist«, sagte ich laut zu mir selbst, »dass ich auf dem Dritten Weg denselben Weg gehen kann wie Faust, aber nicht dafür bezahlen muss! Ich kann alles wissen und alles verstehen und alles haben, aber ich muss mich an niemanden verkaufen!«

Dann lachte ich wie ein Schuljunge.

Die Übersetzung des Faust ins rededeutsche nannten wir REDEFAUST. Später verfilmten wir den Eingangsmonolog sogar. Und zwar mit Friedrich Killinger, der, frisch gescheitelt und im Marine-Sakko, den Zuschauer emotionslos durch seine randlose Brille ansah und wie in Trance monologisierte.

Ich hatte Friedrich kurz nach Verfassen des REDEFAUST im Nachtclub 103 kennengelernt. Und zwar an dem Abend, als mehrere Hundert Polizisten den Nachtclub stürmten, weil in einem der Räume angeblich schon seit Wochen Roulette gespielt wurde. Mein Freund Till, der Besitzer des Clubs, sollte wegen Eröffnung eines illegalen Spielcasinos vor Gericht gebracht werden. Glücklicherweise konnten seine Anwälte nachweisen, dass alle Anschuldigungen völlig haltlos waren.

Friedrich Killinger war also an diesem Abend, während die Polizisten in Kampfanzügen an ihm vorbeistürmten, bewegungslos und nur mässig interessiert sitzen geblieben und hatte seinen Tee weitergetrunken. Mit übergeschlagenen Beinen. Ich weiss dies deshalb so genau, weil ich ihn schon längere Zeit beobachtet hatte. Zu seinem feinkarierten Anzug trug er nämlich seltsam formlose Schuhe aus weichem, fast flüssigem schwarzen Gummi. Nachdem ich diese Schuhe eine Zeitlang angestarrt hatte, hielt ich es nicht mehr aus und sprach ihn an:

»Entschuldigen Sie, was sind das für Schuhe, die Sie da anhaben?«

Sehr sachlich klärte Friedrich Killinger mich auf: »Dies sind Überschuhe aus Gummi, die ich wegen der feuchtkalten Witterung trage. Um meine wertvollen Schuhe zu schonen.«

Zum Beweis zog er das weiche Gummi ab und enthüllte einen kunstvoll abgetragenen Lederslipper.

Ich fragte ihn, ob er Interesse hätte, in unserer Firma mitzuarbeiten.

Er sagte sofort zu.

Wie sich später herausstellte, war er Architekt und baute hauptsächlich Villen und Gutshäuser. Obwohl in seinem Auftreten extrem konservativ, war er jeder modernen Idee, auch der abwegigsten, vollkommen aufgeschlossen, durchschaute und analysierte sie sofort und konnte sie – egal wie verworren sie ihm unterbreitet wurde – sachlich und druckreif wiedergeben. Ausserdem verfügte er über die seltene Gabe, mehrere Tage ganz ohne Schlaf auszukommen.

Später sollte ich mit ihm gemeinsam das RDD Spiritual Zentrum entwerfen und bauen, eines der spektakulärsten RDD-Produkte.

Am selben Abend im 103 lernten wir auch Michel Obladen kennen, ebenfalls Architekt und ebenfalls jeder Idee, und hier ganz besonders der abwegigsten, vollkommen aufgeschlossen. Er konnte allerdings auch sehr konzentriert und ernsthaft arbeiten. Eines Tages kam er aufgebracht ins RDD-Büro. Er war auf der Strasse angerempelt worden. Nun hielt er uns einen etwa dreistündigen Vortrag darüber, dass er in London oder in Tokyo, wo viel mehr Menschen auf viel engerem Raum lebten als in Berlin, noch nie angerempelt worden war. Aus seinem Vortrag entwickelte er einen RDD-Verhaltenskatalog, bestehend aus 10 Regeln, den wir auf Karten druckten und in der ganzen Stadt verteilten. Der Katalog trug den Untertitel: *Einfach regels fuer zusammenleben von gluecklich menschs.* Regel 3 lag Michel besonders am Herzen: *Achten raum von ander menschs. Nein anfassen fremd menschs. Nein draengeln. Nein rempeln.*

Mit Michel Obladen habe ich später das RDD-Fertighaus

HAUSBAU entworfen und hergestellt, eines der bedeutendsten Redesigndeutschland-Produkte.

Ein weiteres wichtiges Produkt war das RDD Standardportraet. Der junge Fotograf Sebastian Mayer, den ich schon einige Jahre zuvor in der Galerie Berlintokyo kennengelernt hatte, konstruierte dafür eine raffinierte Vorrichtung. Jeder Porträtierte wurde mit einem Drehstuhl auf dieselbe Höhe geschraubt und musste sein eigenes Spiegelbild möglichst ausdruckslos fixieren. So wurde sichergestellt, dass alle Standardportraets aus demselben Blickwinkel fotografiert wurden und alle Gesichter denselben Ausdruck hatten. Denn Punkt 2 unseres Manifests lautete:

> REDESIGNDEUTSCHLAND *entwickeln strategies und produkts*
> *fuer gross gemeinschaft von gluecklich und gleichberechtigt menschs.*

Daher sollte jeder Mensch auch das Anrecht auf den gleichen Grad an Schönheit haben. Und daher wurde jedes Porträt auch derselben Bearbeitung unterzogen, die alle Unregelmässigkeiten entfernte.

Ich war sofort vom riesigen Potenzial dieser Fotos begeistert, besonders vom kommerziellen. Es war klar, dass jeder vernünftige Mensch sofort ein Standardportraet von sich anfertigen lassen würde, egal zu welchem Preis.

Bald hatten wir auch die passenden Büroräume für unsere neue Firma gefunden: Einen ehemaligen Supermarkt in der Torstrasse 94, nicht weit von meinem Möbelladen entfernt, den wir von zwei bärtigen Bauarbeitern aufs sorgfältigste herrichten liessen. Dann verschickten wir Einladungen zur Eröffnung an die wichtigsten Zeitungen Deutschlands. Im grossen vorderen Raum, der ein riesiges Schaufenster zur Strasse hatte, stellten wir das Gestühl der Wissenschaftsakademie auf.

Zur Eröffnung des RDD-Büros sollte nun allerdings keine Vorlesung stattfinden, sondern eine Pressekonferenz.

Als die ungefähr vierzig von uns eingeladenen Journalisten in unserem Büro eingetroffen waren und es sich auf den Stühlen bequem gemacht hatten, schalteten wir zunächst den in die Wand eingelassenen Monitor ein, auf dem unsere neue Zeitrechnung angezeigt wurde. Sie hatte am Tag unserer Firmengründung mit dem Datum 000000.000000 begonnen. Die althergebrachte, völlig unlogische Einteilung des Jahres in 12 Monate von 28, 29, 30 oder 31 Tagen, von 24 Stunden, von 60 Minuten, von 60 Sekunden hatten wir schnell auf den Friedhof der unsinnigen Ideen geworfen. Punkt 6 unseres Manifests lautete:

> REDESIGNDEUTSCHLAND *einfuehren dezimalsystem in all bereichs.*
> *1 tag haben 100 stundes. 1 stunde haben 100 minutes.*
> *1 jahr haben 1000 tags.*

Nachdem die Journalisten die bestürzende Logik dieser neuen Zeitrechnung ein paar Momente lang bestaunt hatten, schickten wir einen Schauspieler ans Rednerpult, den wir eigens für diese Veranstaltung engagiert hatten. Er trug einen feierlichen schwarzen Anzug, wartete, bis alles still war, und las dann mit seiner geschulten Stimme alle zehn Punkte unseres Manifests in rededeutsch vor. Dann verschwand er durch einen schmalen Durchgang in den hinteren Räumen des Büros, wo wir uns alle versteckt hielten.

Denn da zu befürchten war, dass unser Büro auf der Torstrasse als eine weitere Horzon-Firma angesehen werden würde, hatten wir uns darauf geeinigt, dass alle RDD-Mitglieder anonym bleiben sollten. Deshalb tragen Michel Obladen und ich auf dem bekannten Foto vor unserem Fertighaus auch quadratische Helme. Dieses Foto wurde in allen wichtigen Zeitungen abgedruckt, vermutlich hauptsächlich wegen genau dieser Helme. Länger als ein paar Jahre liess sich die Anonymität aber nicht aufrechterhalten, und irgendwann gaben wir sie auf.

Als der Schauspieler nach seinem sehr kurzen Auftritt verschwunden war, warteten die Journalisten noch ein wenig ab, ob dies wirklich schon alles gewesen sein sollte. Dann steckten sie die ausgelegten Karten ein, auf denen wir unser Manifest abgedruckt hatten, gingen in ihre Redaktionen und entfesselten eine Presselawine.

In allen grossen Zeitungen erschienen ganzseitige Artikel über unsere Firma. Manche davon waren fast gleichlautend. Denn die Fragen, die man uns schriftlich stellen musste, waren oft sehr ähnlich, und wir hatten uns schnell angewöhnt, alle Fragen ausschliesslich mit Parolen aus unserem Manifest zu beantworten.

Jeden Morgen versammelten wir uns nun weissgekleidet in unserem weissen Büro, um neue RDD-Produkte zu entwerfen und neue Berichte über unsere Firma zu studieren. Über uns leuchtete der in die Wand eingelassene Monitor, auf dem unsere neue Zeit raste.

Mit jeder Sekunde wuchs unsere Bekanntheit.

Und als nach einiger Zeit unsere Identität bekannt geworden war, galt ich plötzlich als ein so begabter Gestalter, dass ich von höchster Stelle gemeinsam mit Konstantin Grcic, dem wichtigsten Designer der Welt, nach Japan geschickt wurde, um auf Vorträgen die neuesten Entwicklungen des deutschen Designs zu erläutern.

KAPITEL 14

Auch wenn unsere Produkte in der Presse euphorisch besprochen wurden: Kommerziell war Redesigndeutschland vom ersten Tag an ein Fiasko. Niemand wollte unsere Möbel oder Fertighäuser kaufen. Und eine Grammatik oder eine neue Zeitrechnung waren ja nicht einmal theoretisch zu Geld zu machen. Sogar die Standardportraets, von denen wir uns einen Geldregen versprochen hatte, warfen keinen Gewinn ab.

Ich war sehr wütend.

»Wieso wir nein bekommen auftrags von ander menschs?«, fragte ich Friedrich Killinger, als wir wieder einmal den gesamten Tag im RDD-Büro gesessen hatten, ohne dass das Auftragstelefon ein einziges Mal geklingelt hätte.

»Ich nein wissen, vielleicht wir firma sein zu modern«, antwortete Killinger und klopfte nachdenklich ein Stäubchen von seinem feinkarierten Anzug.

Ein Grund für unseren Misserfolg war sicherlich, dass wir unser Büro ausgerechnet am selben Tag eröffnet hatten, an dem Bin Laden Manhattan in Schutt und Asche gelegt hatte. Denn natürlich wurde ein Büro, das sich die radikale Neugestaltung der gesamten Welt zum Ziel gesetzt hatte, auch in den Monaten nach dem 11. September immer mit einem gewissen Misstrauen beobachtet.

Ausserdem war unsere gesamte Firma sehr hermetisch konstruiert. Die Sprache, in der wir kommunizierten und die wir entwickelt hatten, um die weltweite Kommunikation zu erleichtern, erwies sich ironischerweise als eine fast unüberwindliche Barriere. Unsere Ideen waren der Welt viel zu weit voraus!

Der einzige Mensch, der es jemals gewagt hat, eine Auftragsanfrage an uns zu richten, war Dimitri Hegemann, der Besitzer des Nachtclubs Tresor. Ich hatte ihn eines Abends über Moritz von Oswald kennengelernt. Er war ein sehr guter Geschäftsmann und hatte viele interessante Ideen. Im Tresor erzählte er mir von seinem Plan, ein riesiges Holzpferd, ungefähr einhundert Meter hoch, von Berlin über die Alpen bis nach Kalabrien zu ziehen und damit eine gesamteuropäische Hysterie zu erzeugen.

Drei Wochen nach unserem ersten Treffen rief er mich an, mitten in der Nacht: Er hatte einen Hinweis auf einen Nazi-Schatz in einem bayrischen Bergsee erhalten, den er nun heben wollte. Am besten schon morgen. Ich sollte doch bitte die Koordination dieses Projekts übernehmen. Leider war ich zu der Zeit mit anderen Projekten beschäftigt und musste ihm absagen.

Einige Monate später war Hegemann nun auf unser RDD-Büro in der Torstrasse aufmerksam geworden, ohne zu wissen, dass ich in die Firma involviert war. Er schrieb einen Brief und wollte uns für die Gestaltung seines neuen Geschäfts in der Münzstrasse gewinnen.

Begeistert schrieb ich ihm zurück, wie üblich anonym, wie üblich auf Rededeutsch:

»Sehr ehren herr Hegemann, viel dank fuer du anfrage. Wir sein sehr interessieren an entwicklung von gestaltung fuer du neu geschaeftsraums ...« Und so weiter. Wir haben nie eine Antwort auf diesen Brief erhalten.

Zumindest hatte ich nun aber mit der riesigen Halle unseres Büros einen neuen Seminarraum zur Verfügung, grösser und schöner als je zuvor.

Sofort plante ich neue Vorlesungsreihen. Woche für Woche kamen aus ganz Deutschland Studenten an die Wissenschaftsakademie, um hier schnell und unkompliziert ein Diplom zu erhalten.

»Was kann man als Absolvent der Wissenschaftsakademie – womöglich besser als andere?«, fragte mich später in einem Interview die *Süddeutsche Zeitung*.

Ich musterte die gutaussehende Journalistin durch meine silbern gerandete Brille, die ich mir für Interviews aufsetzte, saugte nachdenklich an meiner Pfeife und sagte dann, wobei ich jedes Wort sorgfältig abwägte:

»Ich wünsche mir, dass unsere Studenten die Fähigkeit erwerben, grundsätzlich *alles* in Frage zu stellen und daraus Folgerungen zu ziehen, die für einen selbst und für alle anderen Gewinn bringen. Dafür muss man nicht einmal ein Studium an der Wissenschaftsakademie absolviert haben. Dafür muss man nur das Prinzip verstehen, das hinter der Akademie steht und das sich auf alle Lebensbereiche übertragen lässt.«

Heute würde ich anfügen, dass dieses Prinzip das Prinzip der Neuen Wirklichkeit ist.

Und natürlich war auch unsere Firma Redesigndeutschland eine fast vollkommene Manifestation der Neuen Wirklichkeit. Weil sie aber auch ungefähr neun oder zehn Prozent radikaler und moderner war als jede andere jemals dagewesene Firma, brachte sie nicht den gewünschten wirtschaftlichen Erfolg.

Immer häufiger ging ich daher nun morgens, vergnügt summend und brummend, am Redesigndeutschland-Büro vorüber, winkte mit meiner Pfeife Friedrich Killinger zu, der vor dem stummen RDD-Telefon sass und sich wieder mehr und mehr seinen Villen-Projekten in Süd-West-Berlin zuwandte, und ging dann direkt in mein Möbelhaus, um das Geld für die horrende Redesigndeutschland-Miete zu verdienen.

Im Laden begutachtete ich die neugebauten Regale, die im Stundentakt mit unserem Lieferwagen ausgeliefert wurden.

Die Bohrmaschinen, Sägen und Fräsen kamen an die Grenze ihrer Belastbarkeit. Die Regalmonteure schufteten rund um die Uhr, fast unbekleidet, in der drückenden Hitze der Werkstatt. Die Bildung eines Betriebsrats hatte ich erfolgreich verhindert, den Manteltarifvertrag, den mir ein Unterhändler der IG Metall vorgelegt hatte, wortlos zerrissen. Es herrschten unbeschreibliche Verhältnisse.

Eines Tages, ich kam gerade von der Eisdiele, um dem Laden meine tägliche Stippvisite abzustatten, sah ich, wie Dirk Bell schweissüberströmt an der Werkbank stand und Holz hobelte.

Ich schlug ihm vor, in den Süden zu fahren. Sofort stiegen wir in meinen Wagen und fuhren los. Unser Ziel: Basel. Nach einigen hundert Kilometern bat ich Dirk Bell, mich wie vereinbart am Lenkrad abzulösen. Es stellte sich aber schnell heraus, dass er überhaupt nicht Auto fahren konnte. Also machten wir Station in München. In der Dämmerung fuhr ich unseren Wagen bis an den Monopteros, in dem wir übernachteten. Am nächsten Morgen nahmen wir ein Bad im Eisbach, assen Brezeln am Chinesischen Turm und fuhren weiter.

Dirk Bell trug zu dieser Zeit sehr langes Haar und einen langen Vollbart. Er sah aus wie ein sympathischer Barbar.

Seine Wirkung auf Frauen war hypnotisch. Als wir an einer Tankstelle etwas zu essen kaufen wollten, ging er hinein. »Warte, du hast doch gar kein Geld!«, rief ich ihm hinterher. Durch die Fensterscheibe sah ich, wie er zwei grosse Einkaufstüten mit Süssigkeiten volllud und damit zur Kasse ging. Wortlos sah er die Kassiererin an. Die Kassiererin sah ihn an. Dann öffnete sie die Kasse, ohne den Blick von ihm zu wenden, griff blind hinein und gab ihm eine Handvoll Scheine. Als wir auch noch vollgetankt hatten und hupend und mit quietschenden Reifen losfuhren, kam sie aus ihrem Häuschen heraus und winkte uns mechanisch hinterher.

Plötzlich lag vor uns der Bodensee. Begeistert zweigten wir von der Autobahn ab, fuhren den Wagen bis ans Ufer, schrien wie kleine Kinder, rissen uns aufgeregt die Kleider vom Leib, legten sie sorgfältig zusammen und sprangen ins Wasser.

In der Mitte des Bodensees lag eine künstliche Insel vor Anker, ein Ponton, mit Holz beplankt. Wir kletterten hinauf und legten uns in die Sonne. Es war so schön. Berlin war so weit weg. Weisse Wölkchen zogen ganz langsam von Nord nach Süd. Gerührt summte ich das bekannte Lied:

Die Wolke geht und wandert,
Kaum hast du ihrer acht,
Und doch durch deine Träume
Geht sie in dunkler Nacht.
Geht und erglänzt so silbern,
Dass fortan ohne Rast
Du nach der weissen Wolke
Ein süsses Heimweh hast.

Mit einem Mal spürte ich eine unerträgliche Sehnsucht nach Madame Glowny. Eben war ich noch froh gewesen, weit weg von Berlin zu sein, jetzt wollte ich am liebsten sofort wieder zurückfahren. Ich legte mich an den Rand des Pontons und schaute hinab. Das Wasser war ganz klar, man konnte bis auf den Grund sehen. Fische blitzten. Und plötzlich, wie aus dem Nichts, tauchten junge Mädchen neben uns aus dem Wasser auf. Sie lachten und holten uns Muscheln vom Seegrund herauf. Wir wollten sie zu uns locken, aber sie liessen sich nicht greifen. Und dann, als wir ins Wasser sprangen, um sie auf unseren Ponton zu ziehen, tauchten sie unter und verschwanden, so plötzlich wie sie gekommen waren. Auch die schönen Muscheln, die sie uns auf den Ponton gelegt hatten, waren verschwunden. Sie hatten sich einfach in nichts aufgelöst.

Nachdenklich geworden durch diesen seltsamen Vorfall, setzten wir unsere Reise fort. Es war schon Abend, als wir schliesslich in Basel ankamen. Gemächlich rollend, denn wir waren ja in der Schweiz, fuhren wir am Rhein entlang, zum Schaffhauser Rheinweg und klingelten an einer altehrwürdigen Hausthüre. Hier wohnte meine Patentante. Von ihrem Mann Carlo, dem Direktor der Kunsthalle, hatte ich einen meiner vielen Vornamen geerbt. Doch meine Patentante, bei der wir übernachten wollten, war nicht zu Hause.

Ratlos sahen wir uns um. Der Rhein glänzte dunkel und stumm in der Dämmerung. Dirk Bell legte sich schliesslich ins Auto und schlief sofort ein. Ich spazierte in die Stadt und fragte im Hotel Drei Könige nach einem Zimmer. Aber es war alles belegt. Es war Kunstmesse. Das hatte ich natürlich nicht geahnt.

Als ich das Hotel gerade verlassen wollte, betraten zwei schlanke Galeristen das Foyer und sprachen mich an. Es waren Thilo von Wermke und Alexander Schröder. Ich hatte sie kurz zuvor in Berlin beim Badminton kennengelernt.

»Du kannst in unserer Suite im sechsten Stock wohnen, wir haben vier oder fünf Betten.«

»Ich schnarche allerdings recht laut«, gab ich zu bedenken.

»Wir kommen heute Nacht sowieso erst ganz spät nach Hause«, winkte Alexander Schröder ab.

»Vielen Dank«, rief ich, »das ist wirklich sehr freundlich!«

Fröhlich ging ich hinauf in die Suite und legte mich in eins der Betten. Doch meine Freude sollte nicht lange anhalten. Ich hatte gerade erst zwei Stunden geschlafen, als ich von Schreien und lautem Gepolter auf dem Hotelflur geweckt wurde. Kaum hatte ich mich unter meiner Decke versteckt, sprang mit einem Knall die Zimmertür auf, und eine Horde italienischer Touristen kam laut schnaubend hineingestürmt. Im Nu taten die Italiener das, was sie bekanntlich am besten können: Sie warfen alle Tische und Stühle um und zogen sich splitternackt aus. Als ich unter meiner Decke hervorlugte, sah ich, wie vier Männer einen fünften aufs Bett drückten und mit einem grossen Stück Butter zwischen seinen Pobacken hantierten.

»He, was machen Sie da!«, schrie ich und griff zum Telefon, um die Polizei zu rufen.

»Calmati, calmati, beruhige dich, sie spielen doch nur einen Film nach! *Caligula* von Tinto Brass, sehr guter Film!«, rief ein Mann, der nun auch noch dazukam und laut singend mit einem Feuerlöscher im Zimmer herumspritzte, »Tinto Brass kommt auch gleich noch vorbei, er wohnt im Zimmer nebenan!« Jetzt sah ich, dass der Mann eine riesige Hakennase hatte. An seinem linken Ohrläppchen baumelte ein grosser goldener Ohrring!

Es war Signora Sarasate!

Entsetzt griff ich nach meiner Reisetasche und nahm Reissaus.

Als ich den Hotelflur zum Treppenhaus hinunterrannte, hörte ich, wie die Wahrsagerin hinter mir herlief und kreischte: »Ma dove vai! Wo willst du denn hin! Komm zurück, mein Bürschchen!«

Aber ich war schon aus dem Hotel hinaus ins Freie gesprungen. Es regnete in Strömen. Im Davonrennen drehte ich mich um und sah atemlos zum Hotel zurück. Blitze schossen aus einem offenen Fenster in der sechsten Etage, zusammen mit einem riesigen weissen Schaumstrahl. Dann folgte ein krachender Donner.

Ein paar Stunden irrte ich durch die nächtlichen Gassen von Basel. Als ich im Morgengrauen endlich wieder bei meinem Auto ankam, sass Dirk Bell schon bei geöffneter Tür auf dem Beifahrersitz und kaute verschlafen die Süssigkeiten, die er an der Tankstelle geholt hatte. Die Sonne ging gerade auf, eine Amsel sass auf dem Autodach und sang ein munteres Lied.

»Wo kommst du denn jetzt her?«, fragte mich mein freundlicher Begleiter.

»Ich habe in der Stadt Bekannte getroffen, und die haben mir ihr Hotelzimmer überlassen!«

»Na so was! Glück muss man haben!«, rief Dirk Bell und schüttelte ungläubig den Kopf.

»Ja, Glück muss der Mensch haben!«, lachte ich fröhlich.

Dann verabschiedeten wir uns. Dirk Bell wollte noch seine Bilder auf der Messe betrachten. Denn er war, wie ich jetzt erst erfuhr, mittlerweile ein berühmter Künstler geworden und auf der Messe gleich von zwei mächtigen Galerien vertreten. Und ich wollte, wo ich nun schon so weit im Süden war, gleich noch einen Abstecher nach Nizza machen.

Während ich über die Autobahn rollte und vergnügt meine Pfeife schmauchte, erhielt ich einen Anruf. Es war das Hotel Drei Könige: Italienische Touristen hätten sich letzte Nacht in der Tür geirrt und aus Versehen das Zimmer meiner Bekannten aufgebrochen. Dies sei nicht der Stil dieses Hotels, die Randalierer seien schon ins Gefängnis geworfen worden. Und vor allem seien die Galeristen Schröder und von Wermke sehr empört über diesen Vorfall und hätten sie, die Hoteldirektorin, gebeten, mir gegenüber die Sachlage klarzustellen. Beruhigt legte ich auf und setzte summend meine Reise fort.

Als ich in Nizza eintraf, beschloss ich, nicht schon wieder meiner Tante zur Last zu fallen, sondern diesmal im Hotel Negresco zu wohnen. Die Lebensgeschichte des rumänischen Kellners, der sich zum reichsten Hotellier der Côte d'Azur emporgearbeitet hatte, faszinierte mich sehr stark!

Die folgenden Tage verbrachte ich hauptsächlich mit Naturstudien in der Kieselbrandung, einbalsamiert in Oliven-Shampoo von Alziari. Ab und zu wagte ich ein Bad in Begleitung des hoteleigenen Rettungsschwimmers. Die Mahlzeiten nahm ich auf meinem Balkon ein.

Nach zwei Wochen liess ich mir die Rechnung aufs Zimmer schicken. Zunächst versuchte ich, auf dieser Rechnung eine Bleistift-Zeichnung herzustellen, die ich einem meiner Galeristenfreunde in Berlin als Kippenberger verkaufen wollte. Das Ergebnis sah allerdings aus wie der misslungene Entwurf einer Regalwand. Ärgerlich zerschnitt ich die Rechnung in fünfhundertachtzig winzige Quadrate, öffnete die Balkontür und liess die Papierstückchen in einer theatralischen Geste auf die Promenade wehen.

Dann verliess ich das Hotel durch den Hintereingang.

KAPITEL 15

Die Hässlichkeit Berlins war mir in all den Jahren, die ich nun schon hier wohnte, nicht verborgen geblieben. Als ich aber jetzt, noch überreizt von der Schönheit der Riviera, im Nieselregen in Berlin eintraf, schlug sie mir mit einer Wucht entgegen, die das erträgliche Mass überstieg. Grau verputzte Altbauten. Missratene Neubauten. Dazwischen Bombenkrater aus dem letzten Krieg. Ich war fassungslos. Als ich vor meinem Haus in der Brunnenstrasse aus dem Auto stieg, schaute ich in den grauen Himmel, riss die geballte Faust empor, verzerrte das Gesicht zu einer Grimasse und stiess mehrere wütende Worte in einer wenig bekannten Sprache hervor.

Dann ging ich in mein Studierzimmer hinauf, nahm ein Lineal und einen Block Millimeterpapier zur Hand und begann zu zeichnen. Über die Zeichnung, die hauptsächlich aus weissen Quadraten bestand, schrieb ich: BELFAS IDEALSTADT BERLIN. Die Sache duldete keinen Aufschub mehr. Ich trug diese Geschäftsidee schon zu lange mit mir herum. Das Fassaden-Verschalungs-Unternehmen BELFAS, abgeleitet vom französischen »Belle Façade«, musste sofort gegründet werden. Sämtliche Fassaden Berlins sollten mit weissen BELFAS-Platten verschalt werden. Auch sämtliche Baulücken durch BELFAS-Scheinfassaden geschlossen werden. Und in kurzer Zeit würde Berlins Stadtbild in einer Einheitlichkeit und Klarheit erstrahlen, die einzigartig auf der ganzen Welt war.

»Schau«, erklärte ich Heinrich, der gerade in einem Imker-Anzug in mein Zimmer kam, »die Verschalung ganz Berlins mit BELFAS-Platten wäre wesentlich billiger als ein Abriss und Neubau der gesamten Stadt!«

Ich tippte ein wenig auf meinem Taschenrechner herum, schob meine Brille auf die Stirn, sah Heinrich mit zusammengekniffenen Augen an und sagte: »Bei geschätzten fünf Millionen Euro Baukosten pro Haus und einer Häuserzahl von geschätzten fünfhunderttausend würde ein Neubau Berlins circa 2,5 Billionen Euro *verschlingen*!«

Heinrich, hinter dem Netz seines Imker-Helms, blieb stumm.

Ich tippte weiter, dann fuhr ich fort: »Die Verschalung Gesamt-Berlins mit BELFAS-Elementen würde dagegen bei geschätzten 40 000 Euro Baukosten pro Fassade insgesamt nur 20 Milliarden Euro kosten! Und das bedeutet für mich, als Monopolist dieser Fassaden-Elemente, circa 10 Milliarden Euro Gewinn!«

Heinrich blieb stumm.

»Auch für dich«, fuhr ich listig fort, »könnte ein schönes Sümmchen herausspringen, vorausgesetzt du beteiligst dich in den nächsten Tagen mit ein paar tausend Euro an der Firma.« Zufälligerweise hatte ich nämlich beobachtet, dass Heinrich an diesem Tag einen Briefumschlag voller Geld von seiner Grossmutter bekommen hatte.

Heinrich sah wortlos aus dem Fenster. Ich dagegen geriet in grosse Aufregung bei der Vorstellung, endlich innerhalb kurzer Zeit unermesslich reich zu werden.

»Der Geschäftssinn ist der Motor der Welt«, murmelte ich vor mich hin, während ich im Telefonbuch nach der Nummer des Senatsbaudirektors von Berlin suchte. »Träumer haben die Welt noch nie verändert, es waren immer Geschäftsleute ... So, da haben wir's: Senat für Stadtentwicklung! Behrenstrasse!«

Hastig griff ich zum Telefon, wählte und verlangte aufgebracht nach Senatsbaudirektor Stimmann. Sein Adjutant, ein sehr freundlicher Ingenieur, erfasste zwar sofort die Brisanz meines Anliegens, wollte mich aber dennoch nicht durchstellen. »Der Direktor ist in einer Besprechung«, gab er vor.

»Wie? Was? Besprechung?«, schrie ich ungeduldig in den Hörer, »Dann holen Sie ihn raus aus der Besprechung! Hallo? ... Hallo? ... Aufgelegt ... Unverschämtheit!«

Da von der Politik offensichtlich keine Unterstützung zu erwarten war, beschloss ich, mich an die Presse zu wenden. Um die Idee meiner Firma verständlich zu machen, liess ich eine Reihe von Berliner Gebäuden und Strassenzügen fotografieren und am Computer mit BELFAS-Fassaden versehen, darunter auch das Berliner Stadtschloss, dessen Wiederaufbau man zu dieser Zeit aufgeregt diskutierte. Sofort wurde das visionäre Projekt der Verschalung Gesamt-Berlins in allen Zeitungen euphorisch besprochen.

Die Politik blieb weiter untätig.

Mir wurde klar, dass ich ein Zeichen setzen musste. *Verba docent, exempla trahunt:* Worte belehren, Beispiele reissen mit. Wenn ich nur ein einziges Gebäude verschalen könnte, exemplarisch, dann würden die Menschen meinen Gesamt-Plan verstehen und in grossen Demonstrationszügen seine sofortige Umsetzung fordern! Innerhalb einer Nacht entwarf ich eine Trägerkonstruktion aus Holzleisten, die ich am nächsten Tag auf die Fassade meines Möbelladens anbringen liess. Und auf dieses Gerüst liess ich BELFAS-Elemente schrauben – Prototypen aus sehr billigem Press-Span. Denn nach dem Redesigndeutschland-Fiasko wollte ich kein zu hohes finanzielles Risiko eingehen.

Das Ergebnis war überwältigend: Der Möbelladen, dessen unzählige Gründerzeit-Verzierungen den Kunden vorher vom Wesentlichen, dem Regalkauf, abgelenkt hatten, erstrahlte nun in schlichter Klarheit. Pünktlich zum dritten Geschäftsjubiläum des Möbelhauses.

Zur gleichen Zeit hatte ich an einem bedeutenden Architekturwettbewerb teilgenommen und zur Präsentation meines Entwurfs am selben Abend im Nachtclub Cookies eine gigantische Gratis-Gala organsiert. Es handelte sich um den Wettbewerb zur Neugestaltung von Ground Zero in New York. Mein Entwurf bestand aus drei riesigen Hochhäusern in Form von Moebe-Horzon-Regalen.

Viele Besucher der Gala fanden die Idee grotesk, aber ich hatte eine eigene Rechnung zu begleichen: Bin Laden hatte uns den Redesigndeutschland-Geschäftsstart verdorben. Also wollte ich wenigstens die Gelegenheit nutzen, mit drei jeweils 4000 Meter hohen Regalen in Süd-Manhattan die Aufmerksamkeit der Welt auf meinen Möbelladen zu lenken. Der Entwurf stiess bei den New Yorker Juroren allerdings auf Unverständnis und Ablehnung.

Ebenso, übrigens, wie die Verschalung meines Möbelladens mit BELFAS-Elementen. Drei Tage nach der Gala erreichte mich folgender Brief meines Hausverwalters[1]:

1 Wie der Leser bereits bemerkt haben wird, habe ich mich dafür entschieden, diese Erinnerungen in Form eines Sachbuchs zu verfassen, und Tatsache für Tatsache, Moment für Moment so objektiv aufzulisten wie ein Buchhalter.
Darum sind auch alle hier zitierten Briefe Wort für Wort vom Original übertragen, mitsamt der tatsächlichen Namen der Absender. Und darum auch die vielen Dokumentarfotos. Damit an keiner Stelle der Verdacht aufkommt, hier könnte etwas erfunden sein. Nichts an diesem Buch ist erfunden, alles liegt offen zur Überprüfung, und alles ist wahr.

Berlin-Wilmersdorf, den 12. Juli 2002

Betreff: Mietverhältnis Torstrasse 68, 10119 Berlin

Sehr geehrter Herr Horzon,
als ich heute im Hause war, habe ich mit Verwunderung festgestellt, dass Sie Ihre Ladenfront mit Holzplatten verkleidet haben. Ich kann mich nicht erinnern, dass ich hierzu die Genehmigung erteilt habe.
Die Ansicht ist hierdurch erheblich nachteilig verändert worden. Ich muss Sie daher bitten, die Konstruktion wieder zu entfernen und etwaige Dübellöcher und sonstige durch die Montage entstandenen Schäden zu beseitigen. Ich bitte um Erledigung bis 31.07.2002.
Mit freundlichen Grüssen
R. Heyer

Mir fehlte die Kraft, den Brief zu zerreissen. »Die Ansicht ist erheblich nachteilig verändert worden«, flüsterte ich fassungslos und legte den Umschlag auf meinen Mahagoni-Sekretär.

Es blieb mir nichts anderes übrig, als die Fassadenteile, in die ich so grosse Hoffnung gesetzt hatte, eigenhändig wieder von meinem Möbelladen abzuschrauben. Im Nieselregen. Was den Vorteil hatte, dass man die Tränen, die mir dabei die Wangen hinunterrollten, für Regentropfen halten konnte.

Auch mein Buch *Der Dritte Weg*, das nur fünf Tage nach der Geburtstagsgala erschien, brachte nicht den gewünschten Erfolg. Es verkaufte sich in der ersten Woche zehnmal, dann brach der Absatz dramatisch ein.

Verzweifelt fuhr ich in die Winsstrasse, um Madame Glawny zu besuchen. Als ich im zweiten Stock ankam und auf die Klingel drücken wollte, traute ich meinen Augen nicht. Auf dem Klingelschild stand: Torfmann. Ich klingelte dennoch. Es dauerte eine Weile, dann wurde vorsichtig geöffnet. Durch den Türspalt musterte mich misstrauisch eine alte Frau.

»Guten Tag«, sagte ich höflich, »ich möchte zu Frau Glowny, bitte ...«

»Wer soll das sein?«, krächzte die Alte.

»Natascha Glawny, sie wohnt doch hier ...«

»Da irren Sie sich, hier wohne nur ich, und zwar schon seit einundachtzig Jahren. Und von einer Natascha Glowny habe ich noch nie gehört!«

»Das ist doch unmöglich!«, rief ich verzweifelt. »Ich habe sie doch vor ein paar Wochen noch hier besucht!«

»Verschwinden Sie!«, schrie die mürrische Alte und warf die Tür zu. »Und kommen Sie nie wieder! Sonst rufe ich die Staatssicherheit!«

Mir wurde schwarz vor Augen.

Wäre in diesem Moment Dr. Glawny mit seiner Peitsche aufgetaucht, ich wäre ihm vor Freude um den Hals gefallen.

Aber es kam kein Dr. Glowny. Und auch keine Madame Glawny.

Der Satz aus Thomas Manns *Doktor Faustus* kam mir in den Sinn: »Mensch und Unternehmer waren eins geworden, und beide hatten ihren absoluten Tiefpunkt erreicht.«

Wochenlang ernährte ich mich aus Geldnot nur von Eiweisspulver und Haferflocken, die ich, um teures Wasser zu sparen, trocken miteinander vermengte und einatmete. Immerhin entwickelte ich durch diese Diät eine derartige Muskel-

DOKUMENTARFOTOS – TEIL 2

»Wieso wir nein bekommen auftrags von ander menschs?«, fragte ich Friedrich Killinger, als wir wieder einmal den gesamten Tag im RDD-Büro gesessen hatten, ohne dass das Auftragstelefon ein einziges Mal geklingelt hätte.

»Ich nein wissen, vielleicht wir firma sein zu modern«, antwortete Killinger.

Herstellung von Standardportraets im RDD-Büro

Plötzlich lag vor uns der Bodensee. Begeistert zweigten wir von der Autobahn ab, fuhren den Wagen bis ans Ufer, schrien wie kleine Kinder, rissen uns aufgeregt die Kleider vom Leib, legten sie sorgfältig zusammen und sprangen ins Wasser.

Auf dem Weg nach Basel

Ärgerlich zerschnitt ich die Rechnung in fünfhundertachtzig winzige Quadrate, öffnete die Balkontür und liess die Papierstückchen in einer theatralischen Geste auf die Promenade wehen.
Dann verliess ich das Hotel durch den Hintereingang.

Auf dem Balkon des Hotels Negresco, Nizza

Das Ergebnis war überwältigend: Der Möbelladen, dessen unzählige Gründerzeit-Verzierungen den Kunden vorher vom Wesentlichen, dem Regalkauf, abgelenkt hatten, erstrahlte nun in schlichter Klarheit.

Verschalung von MOEBEL HORZON mit BELFAS-Fassaden-Elementen

»Sehr geehrter Herr Horzon, als ich heute im Hause war, habe ich mit Verwunderung festgestellt, dass Sie Ihre Ladenfront mit Holzplatten verkleidet haben. Ich kann mich nicht erinnern, dass ich hierzu die Genehmigung erteilt habe ...«

MOEBEL HORZON, verschalt

Kahle Wände sollten aufgelockert werden, sollten gegliedert, sollten rhythmisiert werden. Aber nicht durch Gemälde oder Fotografien, sondern durch: Wand-Dekorations-Elemente.
Die Fülle von Kombinations- und Dekorationsmöglichkeiten versetzte mich in grosse Begeisterung.

Werbemotiv für WANDEKOR-Wand-Dekorations-Elemente

Das also hatte das Leben in Berlin-Mitte aus mir gemacht: Einen verkommenen, verlogenen, hochnäsigen, geldgierigen Gigolo, der wahre Liebe nicht mehr von niederen Instinkten unterscheiden konnte.

Werbemotiv des Nachtclubs PELHAM

»Aber die ganzen Frauen kommen doch nur ins Pelham, um meinen Kreiseltanz zu bewundern«, rief ich mit einer sehr hohen, sehr dünnen Stimme.

Im Bar-Raum des Nachtclubs PELHAM

Langsam wurde es Frühling. Übermütig kurvten wir in unserem Lieferwagen durch Berlin-Mitte und sangen dabei Seemannslieder.

Mit Christian Kracht beim Ausliefern von Regalen

»Wir wollen über die Grenze ... nach Berlin ...«, erklärten wir, schwitzend und schwer atmend.
»Nein«, sagte der Soldat.

Am Strand von Świnoujście, Polen

»Ich zeige dir hier«, sagte Anselm Reyle lächelnd, »was ich noch niemandem gezeigt habe: Meine ersten beiden jemals gemalten Bilder, in Bob-Ross-Technik.«
»Der Schlüssel zu deinem gesamten Werk!«, sagte ich entgeistert.

In Anselm Reyles Fabrik, während der Mittagspause

Zwei Monate lang arbeiteten wir an einem Prototypen des Zentrums, bis eines Nachts die riesige Leuchtwand vor uns stand und unser Büro in ein gleissend helles Licht tauchte.

Mit Friedrich Killinger vor dem RDD Spiritual Zentrum

»Fuer schaffung von ausgewogenheit unter all menschs RDD daher anstreben abschaffung von all religions und ersetzung von all religioes orts weltweit durch Spiritual Zentrums.«

RDD Spiritual Zentrum

Während ich eines Abends allein vor der Leuchtwand sass und in das Licht der Aufklärung schaute, erfand ich in nur einer Sekunde das Prinzip der Eintontechnik, nach der ich noch in derselben Nacht die RDD Sinfonie 01 komponierte. Sie bestand aus einem einzigen Ton von einhundert Hertz und dauerte einhundert Stunden.

Uraufführung der RDD Sinfonie 01

»Aber wo ist er denn nun eigentlich, Ihr Koffer? Où est votre valise?«, fragte ich Woodard, als wir auf meinen Wagen zugingen. Dabei bemerkte ich, dass Woodard seine Beine nicht bewegte, sondern auf dem Asphalt des Parkplatzes wie auf einem Laufband neben mir herzufahren schien.

Mit David Woodard beim Bau einer Wishing Machine

Ich fühlte mich wie auf einer schroffen Felsklippe, um mich herum Nacht. Zitternd drehte ich mich zu Woodard, um ihm den Koffer zu zeigen und eine Erklärung zu verlangen. Doch Woodard war fort.

Patricia Woerler-Horzon, Friedrich Killinger, David Woodard

Etwas höher, den Strand hinauf, sah er unter den fächerartigen Blättern einen seltsamen Stuhl im Sand stehen, den die Eingeborenen aus Holzlatten zusammengenagelt hatten.

Am Ufer der Südsee

Kaum waren wir aus der Südsee zurückgekehrt, hatte ich mich darangemacht, einen Stuhl aus exakt einunddreissig exakt gleich langen Holzstäben zu bauen. Das Ergebnis war überwältigend. Sofort entwarf ich einen noch schöneren Stuhl, aus exakt vierundzwanzig exakt gleich langen Holzstäben.

Mobiliar des Fachgeschäfts für Apfelkuchenhandel

Im selben Mass, in dem ich aufhörte, mich für Geld zu interessieren, sprudelte es wie aus einer nie versiegenden Quelle. Entsetzt schloss ich das Lüftungs-Geschäft und eröffnete einen Nudel-Grosshandel namens NOODLE HORZON.

In der Werkstatt von SYSTEM-LÜFTUNG

Es war tief in der Nacht, als die Gesellschaft auseinanderging. Ich erinnerte mich an einen spätherbstlichen Wald.

Jubiläums-Gala von MOEBEL HORZON im Kronprinzenpalais

Mitten in der Nacht wache ich auf.

Alles umher ist weiss.

Bildnachweis:
Alle Fotos Rafael Horzon, bis auf
Horzon vor BELFAS-Fassade: Sebastian Mayer
Horzon vor WANDEKOR-Element: Sebastian Mayer
Spiritual Zentrum, leer: Stefan Korte
Horzon und Kracht: Frauke Finsterwalder

masse, dass ich ernsthaft darüber nachdachte, meinen imposanten Körper an adelige Damen zu verkaufen. Moralische Bedenken kannte ich nicht. Das Wort Liebe verstand ich nicht mehr.

Dann traf ich eines Nachmittags im Café 103 Boris Radczun. Er hatte im Jahr zuvor im Nachtclub Cookies ein Restaurant eröffnet, war aber auf dem Höhepunkt des Erfolgs ausgestiegen und vertrieb sich nun die Zeit mit Spaziergängen. Mir fiel ein, dass ich ihm noch etwas Geld schuldete, weil er auf der letzten Moebel-Horzon-Gala Platten aufgelegt hatte. Da ich aber natürlich kein Geld hatte, wollte ich ihm nun eine Geschäftsidee vorschlagen. Boris hatte allerdings schon selber eine: »Wir eröffnen eine Restaurantkette, in der Spezial-Hähnchen verkauft werden!«

»Spezial-Hähnchen?«

»Spezial-Hähnchen, gebacken in einer Spezial-Panade nach einer geheim gehaltenen Rezeptur!«

Ich war begeistert. Da bekanntlich jeder Mensch Backhähnchen liebt, war klar, dass wir mit dieser Idee sehr schnell sehr reich werden würden. Mir fiel auch gleich der Name für diese Kette ein: *Huhn-Land*. Auf einer Serviette skizzierte ich ein Logo: Ein fliegendes Huhn, allerdings ein stolzes, adlerartiges, das in den Krallen eine Weltkugel hält. Um diese Weltkugel herum eine flatternde Banderole, mit der lateinischen Inschrift: *Terra Galli Mundus* – Das Land des Huhnes ist die Welt.

»Damit wird der globale Anspruch dieser Restaurantkette schon im Firmenmotto zementiert«, erklärte ich Boris. Allerdings hatte ich in ihm meinen Meister gefunden, denn der Werbeslogan, der ihm nun noch einfiel, war einfach nicht mehr zu übertreffen: »Huhn-Land – Hendl with Care«.

Berauscht von unserer offenkundigen Genialität planten wir die Inneneinrichtung unserer Filialen, die Kleidung der Verkäuferinnen und legten sogar den einzigen Song fest, der in unseren Läden gespielt werden durfte: *Huhn-River*, frei nach dem melancholischen Liebeslied aus *Frühstück bei Tiffany's*.

Zwei Tage später hatten wir die Idee allerdings schon wieder völlig aus den Augen verloren. Boris, weil er angefangen hatte, für einen Immobilien-Magnaten Luxusrestaurants zu planen, um einige Jahre später dann selber den Grill Royal zu eröffnen. Und ich, weil ich schon wieder eine noch viel lukrativere Geschäftsidee entwickelt hatte.

Zurückblickend, mit dem Abstand der unzähligen Jahre, die seitdem vergangen sind, erscheint es mir unbegreiflich, wie viele Geschäftsideen ich damals innerhalb nur eines Jahres umgesetzt habe! Ähnlich überrascht muss Picasso gewesen sein, als er eines Tages gemeinsam mit Georges Braque einen Katalog über die Entwicklung vom analytischen zum synthetischen Kubismus durchblätterte und sagte: »Georges, ist es wirklich wahr, haben wir wirklich all dies gemacht, in so kurzer Zeit?« Und Braque antwortete: »Ja Pablo, wir waren jung, damals.«

Natürlich, aber es ist ja nicht nur die ideenreiche Jugend. Denn viele junge Menschen haben viele Ideen. Es gehört auch die Fähigkeit dazu, gute Ideen von schlechten zu unterscheiden. Wie Nietzsche schreibt: »Alle Grossen waren grosse Arbeiter, unermüdlich nicht nur im Erfinden, sondern auch im Verwerfen, Sichten, Umgestalten, Ordnen.« Die allerwichtigste Fähigkeit scheint mir aber zu sein, gute Ideen nicht nur zu erkennen, sondern auch umzusetzen.

Dass eine gute, umgesetzte Geschäftsidee aber nicht zwangsläufig auch wirtschaftlichen Erfolg bedeutet: Diese schmerzliche Erfahrung sollte ich innerhalb kurzer Zeit gleich viermal machen. Nachdem sich nicht nur mein Modelabel Gelee Royale, sondern auch mein Bauunternehmen BELFAS als komplette Fehlschläge erwiesen hatten, sollte der dritte Fehlschlag gleich folgen.

Eines Abends rief mich der Musikunternehmer Daniel Lieberberg an. Wie immer wollte er ein wenig über klassische Musik und aktuelles Theater plaudern, dann ein wenig über aktuelle Musik und klassisches Theater, aber ich lenkte das Gespräch sehr geschickt und sehr schnell auf die Entwicklung von Geschäftsideen. Eine Zeitlang redeten wir über Partneragenturen, mit denen man vielleicht viel Geld verdienen könnte. Oder auch nicht, weil es davon ja nun schon so viele gab! Und dann, plötzlich, hatte ich die Idee:

»Wir gründen keine Partneragentur, weil das ja schon alle anderen machen. Sondern eine Partner*trennungs*-Agentur!«

»Ja …?«

»Alle möchten Paare *zusammen*bringen, wir möchten Paare *auseinander*bringen! Und unsere Agentur, die nennen wir … *Separitas*!«

Begeistert machte ich Daniel das riesige Potenzial dieser Idee bewusst: »Angenommen eine Frau verliebt sich in einen Mann. Dann stellt sie aber fest, dass dieser Mann schon in einer Beziehung mit einer anderen Frau lebt: Dann beauftragt sie Separitas. Und Separitas bringt die Beziehung des Mannes auseinander!«

»Und wie soll das deiner Meinung nach geschehen?«

»Mit welchen Mitteln auch immer! Um dieser neuen Liebe eine Chance zu geben!«

Der Werbetext, den ich am nächsten Tag verfasste, gehört meiner Meinung nach zum Genialsten, was die Werbeindustrie jemals hervorgebracht hat:

SEPARITAS – *Wir machen den Weg frei*

Was für ein herrliches Gefühl, verliebt zu sein!
Doch Liebe und Schmerz liegen manchmal so dicht beieinander:
– wenn der Wunschpartner Sie kaum beachtet
– wenn der Wunschpartner Sie kaum wahrnimmt
– weil er in einer anderen Beziehung lebt!

Wir von der SEPARITAS *können Ihnen helfen. Wir trennen, um wieder neu zu verbinden. Wir ermöglichen neue, wunderbare Gefühle. Wir machen den Weg frei für eine neue, wunderbare Beziehung.*

SEPARITAS – *Wir geben Ihrer Zukunft eine Zukunft*

Natürlich vollkommen anonym und unbemerkt. Unsere Diskretion ist unser grösstes Kapital. Und sie ist der sichere Grundstock für Ihre neue Beziehung.
Schildern Sie uns Ihren Fall, und wir erstellen ein Strategie Papier, das »eins zu eins« von einer/m unserer Angestellten aus dem Model-Schauspieler-Visagismus-Bereich umgesetzt wird. Innerhalb von zwei Wochen, das garantieren wir, geht das zu trennende Paar getrennte Wege.

N.B.: Das Honorar ist abhängig von räumlichen, zeitlichen und gesellschaftlichen Faktoren.

Schnell liess ich den Text von meinem Hausgrafiker Hans Löffler, der damals aus unerfindlichen Gründen in meinem Möbelladen wohnte, in eine wunderschöne Werbepostkarte verwandeln.

»Wieso heisst es denn hier eigentlich: ›Wir von der Separitas‹ und nicht: ›Wir von der Agentur Separitas‹?«, fragte er mich, als er mir den ersten Entwurf präsentierte.

»Weil das so klingt wie ›Wir von der Hamburg-Mannheimer‹, wie von einer grossen, seriösen, altehrwürdigen Firma!«, antwortete ich.

»Und was bedeutet ›Visagismus‹?«, fragte er weiter.

Schnell lenkte ich das Gespräch in eine andere Richtung: »Hast du die Vorlagen für die Separitas-T-Shirts schon an die Siebdruckerei geschickt?«

Dann verfasste ich einen Einladungstext für die Separitas-Gala, die im Café Moskau auf der Karl-Marx-Allee stattfinden und alle bisherigen Galas in den Schatten stellen sollte. Jeans Team traten auf, Peaches trat auf, begabte DJs legten auf, der Eintritt war frei. Um Mitternacht musste das Technische Hilfswerk anrücken, um Barrikaden zu errichten: Die wütende Meute, die wegen Überfüllung nicht mehr eingelassen werden konnte, hatte versucht, das Gebäude anzuzünden. Als ich vor die Tür trat, um die Menge zu besänftigen, wurde ich mit Schuhen beworfen.

Der Einzige, der nicht zur Gala erschien, war Daniel Lieberberg, der zwei Tage zuvor seine spätere Frau kennengelernt hatte und sich nun komplizierte Diskussionen über den Sinn und Zweck einer Partnertrennungsagentur ersparen wollte.

Der Sinn und Zweck einer solchen Agentur war anscheinend aber grundsätzlich schwer zu vermitteln: Abgesehen von ein paar Frauenzeitschriften, die über die neuartige

Agentur berichten wollten, erhielten wir nicht eine einzige Anfrage.

Doch schon vier Wochen später hatte ich eine neue Firma gegründet.

KAPITEL 16

Muss ich wirklich berichten, wie gross und erfolgreich die Gala zur Einführung dieser neuen Firma war und wie unerträglich unerfolgreich die Firma selbst? Ich möchte trotzdem wenigstens die Geschäftsidee erklären, weil sie mir auch heute noch bemerkenswert vorkommt:

Damals, als ich die Idee entwickelte, war es in Berlin Mode geworden, sich moderne Kunst an die Wände zu hängen. Eine Entwicklung, die ich natürlich verurteilte. »Aber was sollen wir machen?«, riefen meine Freunde. »Irgendetwas muss man doch an die Wände hängen, kahle Wände sind doch so ... kahl ... und da nun mal all unsere Freunde Künstler sind ...«

Natürlich hatten sie recht, kahle Wände sollten aufgelockert werden, sollten gegliedert, sollten rhythmisiert werden. Aber nicht durch Gemälde oder Fotografien! Sondern durch: Wand-Dekorations-Elemente!

In nur einer Nacht entwarf ich ein weisses und ein schwarzes Quadrat von jeweils fünfzig Zentimetern Kantenlänge. Dazu zeichnete ich vierundsechzig Kombinationsmöglichkeiten auf, die sich ergeben, wenn man nur vier solcher WANDEKOR-Elemente nebeneinander an die Wand hängt:

Schwarz weiss schwarz weiss
Schwarz weiss schwarz schwarz
Schwarz weiss weiss schwarz
Schwarz weiss weiss weiss

Undsoweiter. Die Fülle von Kombinations- und Dekorationsmöglichkeiten versetzte mich in grosse Begeisterung. Ich liess zwei Werbefotos anfertigen: Auf dem ersten waren zwei Stühle und ein Tisch vor einer kahlen Wand zu sehen. Auf diesem Tisch eine Vase. In dieser Vase rote Tulpen, die die Köpfe bis auf die Tischplatte herunterhängen liessen.

Auf dem zweiten Foto hingen an der Wand über dem Tisch vier schwarze WANDEKOR-Elemente. Und wie durch Zauberei standen die Tulpen auf diesem Foto stramm und gesund, senkrecht und glücklich in ihrer Vase.

Darunter liess ich einen Satz schreiben, den ich in einer Illustrierten aufgeschnappt hatte: »Was ist es nur, das unsere heutigen Wohnungen so besonders, so ansprechend macht?«

Die WANDEKOR-Gala fand in einem grossen Glaspavillon auf der Karl-Marx-Allee statt, in dem Freunde von mir ein paar Jahre früher den Nachtclub *Ibiza* betrieben hatten.

Während ich an der Eingangstür stand und gerade den fünftausendsten Besucher mit einer roten Tulpe begrüsste, sah ich, wie sich meine neuen Freunde näherten, Alexander Schröder und Thilo von Wermke. Nach unserem Urlaub in Basel vor einem Jahr hatten wir uns schon ein paar Mal getroffen, um gemeinsam Bälle zu besuchen. Zum Glück sind ja Galeristen auch ehrgeizige Geschäftsleute, genau wie ich. Das ist der Grund, warum ich mich mit den meisten Galeristen immer sofort sehr gut verstanden habe. Mit Thilo von Wermke hatte ich sogar bald eine Firma gegründet, die Veranstaltungsagentur *Partner & Partner*. Wenn ich mich richtig erinnere, war die WANDEKOR-Gala sogar unsere erste gemeinsame Veranstaltung.

»Wir müssen mit dir reden, wir haben eine neue Geschäftsidee«, rief Thilo mir durch das Gedränge zu. »Vielleicht hast du Lust, dich zu beteiligen!«

»Eine Geschäftsidee, sehr gut, aber hier ist es viel zu laut«, rief ich und führte sie in den Konferenzraum des Pavillons.

Als wir es uns in den Sesseln bequem gemacht hatten, erklärten sie mir ihren Plan: »Wir möchten einen Nachtclub eröffnen.«

»Nachtclub eröffnen, Nachtclub eröffnen«, hallte es in meinen Ohren, und sofort erschien vor meinem geistigen Auge eine Szene aus dem Buch »Studio 54 – The Legend«, das ich zufällig am Abend vorher gelesen hatte: In dieser Szene wurde beschrieben, wie Steve Rubell, der hochintelligente Gründer des erfolgreichsten Nachtclubs der Welt, am Ende der Geschäftsnacht in seinem Büro auf den Tisch steigt, die Deckenverkleidung anhebt und einen Müllsack, prall gefüllt mit Dollar-Scheinen, in den Hohlraum unter der Decke schiebt. Zu den vielen hundert anderen dollargefüllten Müllsäcken, die dort schon liegen ... Zu den vielen hundert anderen Müllsäcken ... Zu den vielen hundert Müllsäcken ... Müllsäcke, Müllsäcke, Müllsäcke ... der Kopf schwirrte mir, ich konnte mich gar nicht mehr losreissen von diesem herrlichen Bild!

»Hallo, hörst du uns, geht es dir nicht gut?«, rief Alexander Schröder und riss mich aus meinen Träumen.

»Ja, doch«, stotterte ich und zupfte mich am Ohr, dann rief ich begeistert: »Einen Nachtclub eröffnen! Ich bin dabei!« Dann lief ich zur Bar, um eine riesige Flasche Prosecco für meine Freunde zu holen.

Am nächsten Morgen um acht Uhr fuhr ich in die Chausseestrasse, um die Räume zu besichtigen, in denen der Nachtclub eröffnet werden sollte. An genau diesem Ort, an dem seit kurzem ein zehnstöckiges Hotel stand, hatte vor einem Jahr noch ein leerstehender, eingeschossiger DDR-Supermarkt gestanden. Und in genau diesem Supermarkt hatten meine beiden Freunde schon zwei Jahre zuvor einen Nachtclub eröffnet. Und nun hatten sie den Bauherrn des Hotels dazu überredet, an genau derselben Stelle, nur vier Meter tiefer, im Keller des Hotels, wieder einen Nachtclub einzurichten. *Pelham* sollte er heissen, benannt nach Bulwer-Lyttons bekannter Romanfigur.

»Sehr schön«, sagte ich zu Thilo von Wermke, als wir nun gemeinsam die Räume abschritten, »und wo ist Alexander?«

»Auf Geschäftsreise, in Honolulu ...«, antwortete er.

Der Nachtclub bestand aus vier oder fünf Räumen: Wenn man die Treppe hinunterging, landete man im Foyer, von dort ging es gradeaus in einen grossen Tanzraum, links schloss sich eine Bar an, dahinter öffnete sich ein kleines Separee.

»Fantastisch«, rief ich, »wann sollen wir eröffnen, gleich morgen?« Ich war etwas ungeduldig, denn ich hatte seit drei Monaten keine Miete mehr überwiesen.

»Nein, nein, immer mit der Ruhe«, sagte Thilo langsam, und putzte nachdenklich seine Brillengläser, »wir müssen doch erst alles einrichten ... Dafür brauchen wir Sofas ... aus Venedig ... und Seidentapeten, aus Florenz ...«

»Ist das wirklich nötig?«, fragte ich entgeistert.

» ... und Lampen aus Uganda ...«, fuhr er fort.

»Wie bitte?«, schrie ich.

» ... und Gläser aus Neu-Caledonien ... und Barhocker aus Afghanistan ...«

Drei oder vier Monate später hatten wir alles beisammen, der Club war eingerichtet, der Abend der Eröffnung war gekommen. Und auch wenn es überheblich klingt, aber ich habe viele tausend Zeugen: Es war die grösste und erfolgreichste Eröffnungsgala, die Berlin bis dahin gesehen hatte. Der Einzige, der nicht erschien, war Alexander Schröder, der sich auf Geschäftsreise in Kairo befand.

Als am Morgen nach der rauschenden Eröffnungsnacht die letzten Gäste gegangen waren, lief ich mit der Metall-Kasse in den Bar-Raum, wo Thilo von Wermke und Boris Radczun an der Theke standen und einen Roibusch-Tee tranken.

»Schau mal, Thilo«, rief ich und warf im Gehen die etwa zwanzig Scheine, die sich in der Kassette befanden, in die Luft, »wir sind reich, juchhuu!«

Dann raffte ich die Scheine vom Boden zusammen, kletterte mit dem winzigen Häufchen auf die Theke und versteckte das Geld hinter einem Lüftungsrohr an der Decke.

»Was machst du da?«, fragte mich Thilo befremdet und setzte langsam seine Tasse auf der Untertasse ab. »Warum stopfst du das Geld hinter das Lüftungsrohr?«

»Na ja«, erklärte ich ihm, »so wie Steve Rubell, im Studio 54 …«

Thilo schüttelte nur mitleidig den Kopf: »Wie Steve Rubell! Hast du das Geld denn schon gezählt? Wie viele Millionen sind es denn?«

Boris Radczun lachte amüsiert auf.

»Ungefähr sechshundert Euro!«, sagte ich. »Das sind also dreihundert für jeden von uns, und das mal dreissig, wenn wir jeden Tag öffnen …«

»Und Alexander«, fragte mein Partner mich streng, »hast du den etwa schon vergessen?«

»Aber, ... aber der ist doch immer auf Reisen ...«, gab ich zu bedenken.

Thilo konnte darüber wieder nur den Kopf schütteln: »So viel also zu deiner Loyalität«, sagte er mit einer ziemlich schneidenden Stimme. »Und nun zum Rest deiner Rechnung: Dir ist es ja vielleicht entgangen, aber wir haben heute morgen Getränke für über zehntausend Euro anliefern lassen. Wir haben also nicht sechshundert Euro Gewinn gemacht, sondern neuntausendvierhundert Euro Verlust!«

»Ja, weil du viel zu viele Freigetränke ausgegeben hast!«, rief ich wütend.

»Aber nun hör mal, ich kann doch nicht von meinen besten Freunden Geld verlangen, wenn sie am Eröffnungsabend in unseren Nachtclub kommen!«

»Ja, aber was wollen wir denn dann mit diesem Club?«, rief ich und warf mich zornig auf ein Sofa. »Wir wollen doch Geld verdienen, oder nicht!«

Nun baute sich Boris Radczun vor mir auf und schaltete sich in das Gespräch ein: »Du musst noch viel lernen, mein lieber Rafael«, sagte er mitleidig. »Vor allem musst du lernen, dass es Dinge gibt im Leben, die wichtiger sind als Geld. Nicht wahr, Thilo?«

Und bei diesen Worten legte er Thilo seine Hand auf die Schulter. Beide standen noch eine Weile vor mir, schüttelten ein wenig die Köpfe über so viel Charakterschwäche und liessen mich dann allein.

Bald hatte ich mich damit abgefunden, dass mit dem Pelham kein einziger Pfennig zu verdienen war. Obwohl der Club immer brechend voll war. Und das war, ich muss es bei aller Bescheidenheit sagen, ausschliesslich mir zu verdanken. Genauer gesagt, meiner Tanzkunst: Abend für Abend strömten wahre Menschenmassen ins Pelham, um meinen Kreiseltanz zu bewundern, eine noch nie dagewesene Verbindung von Derwisch- und Ausdruckstanz.

Abend für Abend versammelte sich im grossen Tanzraum des Nachtclubs ein rein weibliches Publikum, um mich kreiseln zu sehen, während Conny Opper, grell geschminkt, immer aufpeitschendere Musik auflegte.

Dieser Kreiseltanz, der unter dem Kreischen und Klatschen der Frauen manchmal Stunden dauerte, endete regelmässig mit meinem Zusammenbruch – der nicht immer echt war, aber immer dazu führte, dass drei oder vier Frauen mich aufhoben und mit zu sich nach Hause nahmen ...

Ich gestehe, dass meine moralische Verkommenheit zu dieser Zeit einen Grad erreicht hatte, der nicht mehr erträglich war. Das unerklärliche Verschwinden meiner Geliebten Madame Glawny, das mich völlig erschüttert hatte, muss damals einen neurotisch-erotischen Defekt in mir ausgelöst haben. Für meine Partner, die um den guten Ruf ihres Nachtclubs fürchteten, wurde ich so allerdings zur Belastung.

Eines Abends, als ich in meinem neuen Pelzmantel, den mir eine Verehrerin geschenkt hatte, die Stufen zum Pelham heruntersteig, wartete Thilo schon auf mich, zusammen mit Boris Radczun und einem weiteren Freund, Matthias Kind. Sogar Alexander Schröder war heute zugegen.

»Können wir dich kurz sprechen?«, fragte Thilo, alle vier verstellten mir streng blickend den Weg.

»Ja, natürlich, was gibt's denn?«, tat ich überrascht.

»Wir haben gestern Abend schon wieder beobachtet«, fing Boris an, »wie du deinen sogenannten ›Kreiseltanz‹« – an dieser Stelle machte er eine schnelle Kreisbewegung mit seinem Zeigefinger, der seiner Schläfe dabei immer näher kam – »aufgeführt hast.«

»Ja, stimmt. Ich wusste nicht, dass Tanzen in diesem Nachtclub verboten ist«, sagte ich beleidigt.

»Es ist ja nicht nur der Tanz«, rief Thilo, »es ist vor allem die Tatsache, dass du den Club jeden Abend mit anderen Frauen verlässt! Und nicht nur wir fragen uns, sondern auch viele unserer Gäste fragen sich, was das zu bedeuten hat!«

»*Wir fragen uns, was das zu bedeuten hat!*«, rief ich und verdrehte die Augen. »Was soll es wohl bedeuten: Wir fahren gemeinsam zu einer der Frauen nach Hause oder in ein Hotel, da essen wir dann gemeinsam, dann baden wir alle zusammen, und dann ...«

»Halt!«, schrie Boris, »vielen Dank, das genügt! So genau wollten wir es gar nicht wissen!«

»Unmöglich!«, zischte Matthias Kind und drehte sich von mir weg.

»Ja, aber seht mal hier!«, rief ich stolz und hielt meine rechte Hand hoch, an der ein riesiger Brillantring glitzerte.

Entsetzt starrten meine Freunde mich an.

»Du lässt dich dafür also auch noch bezahlen!« Alexander Schröder schlug fassungslos die Hände über dem Kopf zusammen.

»Du bist eine Schande für diesen Nachtclub!«, rief Matthias Kind mir hinterher, als ich an ihnen vorbei in den Tanzraum ging, um mich auf meinen abendlichen Auftritt vorzubereiten.

Das also hatte das Leben in Berlin-Mitte aus mir gemacht: Einen verkommenen, verlogenen, hochnäsigen, geldgierigen Gigolo, der wahre Liebe nicht mehr von niederen Instinkten unterscheiden konnte. Tief im Innern wusste ich zwar, dass meine Freunde recht hatten, aber ich konnte nicht anders, als immer wieder das billigste Vergnügen zu suchen.

Wieder und wieder musste ich meinen Kreiseltanz aufführen.

Bis mich ein furchtbares Erlebnis zur Besinnung brachte.

Der Abend hatte begonnen wie so viele andere auch. Ich war zu Conny Opper gegangen, wo wir gemeinsam einen Huflattich-Tee tranken und uns dann von Connys Freundin, der Sängerin Peaches, schminken liessen. Dann fuhren wir ins Pelham.

Im grossen Tanzraum drehte ich mich in meinem schweren Pelzmantel, zunächst noch langsam zu den ruhigen Klängen, die Conny Opper auflegte. Der Raum füllte sich schnell mit zahllosen Frauen. Dann steigerten Conny und ich wie immer nach und nach das Tempo, steigerten uns langsam bis zur Raserei, bis mir wie in einer Zentrifuge der Mantel vom Leib flog und ich in meinem weissen Anzug aussah wie eine rotierende Seidenspindel. Alles unter dem Johlen und Kreischen der Frauen.

Ich hatte schon vorher, als ich noch langsam rotierte, erkannt, welche Frauen es diesmal auf mich abgesehen hatten: Drei wohlgenährte Studentinnen, Belgierinnen wahrscheinlich. Und eine besonders stolze, dunkle Dame, die ich für eine Spanierin hielt. Fächerraschelnd ging sie auf der Tanzfläche auf und ab, mit einer dicken Zigarre im Mundwinkel. Unter ihrem langen Rocksaum schaute ein eleganter Huf hervor.

Nachdem ich also wie üblich zum Abschluss meines Tanzes eine Ohnmacht simuliert hatte, stürzte diese Spanierin auch wirklich direkt auf mich zu, fing mich auf, legte meinen Kopf in ihren Schoss, saugte noch einmal kräftig an ihrer Zigarre, warf den Kopf in den Nacken und pustete den Qualm an die Decke. Dann beugte sie sich ganz langsam zu mir herunter, öffnete wie in Zeitlupe ihre dunkelrot geschminkten Lippen, bleckte ihr Gebiss und entblösste zwei riesige, viel zu lange Eckzähne. Die immer länger wurden! Dabei grunzte sie wie ein Eber.

Relativ schnell hatte ich erfasst, wen ich über mir hatte:

Es war Signora Sarasate!

Aber noch bevor ich panisch um Hilfe schreien konnte, schoss ein Wasserstrahl von der Decke, direkt auf uns herab. Mit ihrem Zigarrenqualm hatte die Wahrsagerin die Löschanlage ausgelöst! Das Wasser zischte auf ihrer Haut wie auf einer glühenden Herdplatte und verpuffte in roten Stichflammen. Signora Sarasate schrie, als hätte man sie mit kochendem Öl übergossen. Im nächsten Moment stürmte ein Trupp von Feuerwehrleuten in den Club und setzte den ganzen Tanzraum unter Wasser. Im Durcheinander, das nun folgte, sah ich gerade noch, wie die Wahrsagerin mit schwersten Verbrennungen zur Treppe hinkte und dann einfach davonflog.

Ich wartete ein wenig ab, kroch die Treppe hoch nach draussen, schaute nach links und rechts, ob die Zigeunerin noch auf mich lauerte, und schleppte mich dann mit letzter Kraft nach Hause.

Drei Tage lang war ich unfähig, das Bett zu verlassen. Ich lag in einem schweren Fieber. Ich beneidete die Tiere um ihre Glückseligkeit: Die Raupen, die Symbole sind für die Unschuld. Die Maulwürfe, die den Schlummer der Keuschheit verkörpern.

Meine Gesundheit war bedroht. Der Schrecken kam. Ich fiel in tagelangen Schlaf und träumte, wenn ich wach war, noch immer den gleichen düsteren Traum. Ich war reif für den Tod, und meine Schwäche führte mich an die Pole der Welt, nach Kimerien, in ein Land der Schatten und Stürme.

KAPITEL 17

Nur ein Wunder konnte mich nun noch retten. Und weil es das Schicksal wie immer besonders gut mit mir meinte, geschah nicht nur ein Wunder, sondern es geschahen gleich drei.

Nachdem ich mehrere Tage und Nächte durchgeschlafen hatte, wachte ich gut gelaunt und sehr erholt auf und ging als Erstes zu unserem Nachtclub. Auf dem Weg dorthin versuchte ich mich an den letzten Abend im Pelham zu erinnern. Es gelang mir in diesem Moment aber nur bruchstückhaft. »Nass«, fiel mir ein. »Rauch«, fiel mir ein. Mehr nicht.

Als ich die Treppen zum Pelham hinabstieg, begrüsste mich Thilo ganz überschwenglich: »Wo warst du denn, mein Lieber? Wir haben dich schon vermisst! Und Frédéric Beigbeder legt doch heute Abend bei uns auf, nach seiner Lesung!«

»Frédéric wer?«, fragte ich, den Namen hatte ich noch nie gehört.

»Beigbeder, der französische Schriftsteller!«, rief Thilo und verschwand in der Bar.

»Und warum ist der Tanzraum abgeschlossen?«, fragte ich und rüttelte an der grossen Flügeltür.

»Ach so, das muss ich dir erzählen: Gestern gab es so viele Beschwerden vom Hotel, die Musik hört man angeblich bis in den achten Stock! Der Vermieter erlaubt Musik jetzt nur noch in der Bar!«

»Und mein Kreiseltanz?«, fragte ich.

»Kreiseltanz?«, rief Thilo aus der Bar. »Was für ein Kreiseltanz?«

»Na, mein Kreiseltanz! Den ich immer im grossen Tanzraum aufführe!«

Jetzt kam Thilo aus der Bar ins Foyer und sah mich mit grossen Augen an: »Kreiseltanz? Wir kennen uns jetzt bestimmt schon seit zwei Jahren, aber ich habe dich garantiert noch niemals tanzen sehen!«

»Aber die ganzen Frauen kommen doch nur ins Pelham, um meinen Kreiseltanz zu bewundern«, rief ich mit einer sehr hohen, sehr dünnen Stimme.

Jetzt kam Thilo ganz nah an mich heran und legte freundschaftlich seine Hand auf meine Schulter: »Mal ernsthaft, mein lieber Rafael ... Boris und ich haben uns gestern darüber unterhalten, was eigentlich los ist mit dir ...«

»Was soll denn los sein?«, fragte ich, etwas atemlos.

»Na ja, wie soll ich es sagen ... Uns ist aufgefallen, dass wir dich noch nie mit einer Frau zusammen gesehen haben ... noch nicht einmal reden sehen ... und wir fragen uns, ob du überhaupt jemals schon ... mit einer Frau ...«

»Wie bitte?«, rief ich.

»Na ja, wie auch immer, gestern war hier jedenfalls eine sehr, sehr hübsche Studentin, Boris kennt sie noch von früher, aus Düsseldorf, aus dem Ratinger Hof. Und wir finden beide, dass sie genau das Richtige für dich wäre. Vielleicht kommt sie ja heute Abend wieder, dann stelle ich sie dir vor!«

Mein Kopf brummte ein wenig. Ich lehnte meine Stirn an das Tor zum grossen Tanzraum, um sie abzukühlen. Hinter diesem Tor hatte ich doch vor kurzem noch meinen Kreiseltanz aufgeführt! Vor zwei oder drei Tagen, höchstens! Bis die Feuerwehr kam! Wieso wusste Thilo jetzt von alldem nichts mehr! Vielleicht sollte ich draussen etwas Luft schnappen und eine Pfeife rauchen. Ausserdem waren meine Schuhe ja ganz nass! Wasser! Viel Wasser! Überall Wasser! Ungläubig sah ich, wie sich unter der Tür, vom Tanzraum her, eine riesige Wasserlache ins Foyer hinein ausbreitete.

»Ach so, noch was, Partner«, rief Thilo aus der Bar, »komm doch mal her!«

Als ich mit triefenden Schuhen in die Bar tappte, stand Thilo hinter der Theke und kramte in seiner Aktentasche, dann kam er hervor und drückte mir ein riesiges Geldbündel in die Hand: »Hier, dein Anteil, für die letzte Woche.«

»Wie bitte?«, rief ich. »Das ist doch ...«

»Ja, ich weiss, es ist nicht besonders viel«, sagte Thilo entschuldigend, »verglichen mit dem, was du in deinem Möbelladen verdienst ...«

Ich musste mich setzen. Hastig trank ich einen Lindenblüten-Tee, träufelte mir eine ganze Flasche Bachblüten Rescue Remedy in den Mund und schüttete mir dann noch etwa tausend Globuli Arsenicum Album unter die Zunge, wo sie ihre beruhigende Wirkung entfalten sollten.

Ich überlegte, ob ich nicht besser wieder zurück nach Hause gehen sollte. Aber die ersten Gäste trudelten schon ein. Ich stellte mich ins Foyer und starrte die Treppe hinauf. Ich wollte auf keinen Fall die Ankunft der schönen Studentin aus Düsseldorf verpassen, von der Thilo mir erzählt hatte. Sicherheitshalber hielt ich mich am Treppengeländer fest, denn ich war immer noch schwach auf den Beinen. Etwas Schaum trat aus meinem rechten Mundwinkel. Die Globuli begannen zu wirken.

Dann geschah es! Unser Türsteher Adel Halilovic riss die Tür auf, im Halbdunkel des Eingangsbereichs oben wurden ein paar freundliche Worte gewechselt, und die Treppe hinunter stieg: Peter Scholl-Latour! Schnell versteckte ich mich in der Abstellkammer. Mir fiel in diesem Moment einfach nicht ein, ob ich mit ihm gerade befreundet oder verfeindet war. Jedenfalls hatte ich grosse Angst vor ihm. Nach ein paar Minuten stellte ich mich wieder ins Foyer. Ich hielt mich am Treppengeländer fest. Etwas Schaum trat aus meinem linken Mundwinkel.

Dann geschah es! Unser Türsteher Oliver Barduhn riss die Tür auf, freundliche Worte wurden gewechselt, und hinunter kamen, aus dem Halbdunkel des Eingangsbereichs: Martin Klosterfelde, Johann König, Maike Cruse, Niklas Maak, Peter Richter, Johanna von Rauch, Johanna Adorján, Rainald Goetz, Stephan Landwehr, Marc Hosemann, Mavie Hörbiger, Anne und Moritz von Oswald, Moritz von Uslar, Nicolette Krebitz, Ulf Poschardt, Cornelius Tittel, Howard Sheronas – und noch etwa zweitausend weitere Galeristen, Journalisten und Genies. Johann König und Maike Cruse steuerten direkt auf mich zu und redeten mit sehr ernsten Mienen auf mich ein: »Wir müssen dir unbedingt unser neues Ballett vorführen, Rafi, wir haben drei Tage lang dafür geübt!« »Ist gut«, antwortete ich, »aber bitte nicht so laut klingeln.« Christian von Borries ging mit mir ins Separee: »Unsere Partyreihe im Pelham, hast du dir schon einen Namen dafür ausgedacht?« »Masse und Nacht«, sagte ich geistesabwesend. Dann kam Thilo mit jemandem daher, der aussah wie ein Jurist, mit weissblau gestreiftem Hemd, einer grossen Hornbrille und einem bemerkenswerten Kinn. »Frédéric, voilà Rafael, mon partenère ...« Mit diesen Worten liess Thilo mich mit dem französischen Dichter allein. Innerhalb von zwei Minuten wurden wir sehr enge Freunde und fotografierten uns gegenseitig in albernen Posen.

Dann fiel mir die gutaussehende Studentin wieder ein!

Sofort stellte ich mich zurück ins Foyer und starrte die Treppe hinauf.

Und dann geschah es! Unsere Türsteher rissen die Tür auf, ein Raunen ging durch die Menge, und hinab stieg ... im Halbdunkel ... ich kniff die Augen zusammen, um besser sehen zu können: eine elegante Silhouette ... eine aufsehenerregende Erscheinung ...

»Das ist die Studentin aus Düsseldorf«, flüsterte Thilo mir von hinten zu und schob mich in ihre Richtung, »geh zu ihr hin und frag sie irgendwas!«

Begeistert von ihrer Schönheit lief ich direkt auf sie zu, nahm ihre Hände und sagte: »Rasch! Gibt es andere Leben? Nur die himmlische Liebe händigt uns die Schlüssel des Wissens aus!«

Eine Woche später verlobten wir uns in Cannes, zwei Wochen später heirateten wir im Ostseebad Heiligendamm.

Kurz darauf lernte auch Thilo Wermke im Pelham seine zukünftige Frau kennen.

Auch Alexander Schröder hatte mittlerweile geheiratet.

Es gab also keinen einzigen vernünftigen Grund mehr, weiterhin einen Nachtclub zu betreiben.

Sofort schlossen wir das Pelham für immer.

Es kehrte wieder Ruhe ein in Berlin-Mitte.

Den Kreiseltanz habe ich nie wieder aufgeführt.

KAPITEL 18

Ein paar Wochen nachdem wir unseren Nachtclub geschlossen hatten, stand ich pfeiferauchend in meinem Möbelladen und fuhr mir versonnen durch den Vollbart, als es plötzlich übertrieben laut an der Tür klopfte.

Draussen im Schneeregen stand ein Mann in einem blauen Polo-Hemd, kurzen Hosen und Segelschuhen ohne Strümpfe.

Als ich es nach einer halben Stunde endlich geschafft hatte, die dreifach verriegelte Tür aufzuschliessen, ging der Mann sehr schnell an mir vorbei, auf die Heizung zu, und sagte: »Guten Tag, ich bin Christian Kracht, der bekannte Schriftsteller. Ich bin neu in der Stadt und suche eine Anstellung.«

»Dafür müssen Sie aber erst mal ein unbezahltes Praktikum machen«, rief ich, denn ich war immer noch sehr geschäftstüchtig.

»Einverstanden«, sagte der Schriftsteller.

»Gut. In einer Stunde fahren wir los, Regale ausliefern. Vorher wollen wir noch essen.« Mit diesen Worten holte ich etwas Brot und Wurst aus dem Vorratsschrank und stellte beides auf den Tisch.

Schweigend assen wir.

Die nächsten Wochen fuhren wir gemeinsam Regale aus. Die Arbeit war sehr anstrengend, aber zu zweit machte sie grossen Spass. Seit ich mich wieder persönlich um das Geschäft kümmerte und meine Zeit nicht mehr in Nachtclubs vergeudete, war die Zahl der Regalbestellungen ins Unermessliche gestiegen. Neue Werkräume mussten angemietet werden. Neue Mitarbeiter an der Säge ausgebildet werden. Dazwischen fuhr ich mit Kracht eine Lieferung nach der anderen zu unseren Kunden.

Langsam wurde es Frühling. Übermütig kurvten wir in unserem Lieferwagen durch Berlin-Mitte und sangen dabei Seemannslieder. Zwischen den Lieferungen, wenn wir zum Möbelgeschäft zurückfuhren, um neue Regale einzuladen, plauderten wir.

Christian Kracht erzählte mir von seinem Plan, in Kathmandu eine deutschsprachige Zeitschrift zu gründen: »Ein Ratgeber-Magazin für Männer UND Frauen«.

Ich erzählte ihm von meinem Plan, zur wichtigsten intellektuellen Gestalt des 21. Jahrhunderts aufzusteigen.

Er schien sehr beeindruckt.

Eines Abends, wir hatten den ganzen Tag über Regale ausgeliefert und zu Regalwänden zusammengebaut, sassen wir pfeiferauchend in Krachts Hotelzimmer. Die Sonne ging gerade unter und schien fast waagerecht durch die Gardinen. Plötzlich riss Kracht seine Pfeife aus dem Mund und warf sie aus dem Fenster. Dann seine Schuhe. Dann seinen Reisewecker.

Nach einer langen Pause sagte er mit düsterer Stimme:

»Der Ennui.«

Eine Zeitlang war es ganz still im Hotelzimmer.

»Weisst du«, fing er dann wieder an, »etwas Unbekanntes, Ungewöhnliches muss passieren. Ich habe sehr grosse Angst vor der Berechnung. Vor dem Leben der Mathematik. Und am Ende steht dann minus und plus gleich null, und das ist dann der Tod.«

»Ja«, sagte ich.

»Und die Kunst«, fuhr Kracht nachdenklich fort, »die Kunst ist natürlich auch keine Lösung. Aber das muss ich sagen: Mit dem schönen Lieferwagen die schönen Regale herumfahren, Seemannslieder singen, Pfeife rauchen; und auch der Möbelladen, und das Büro, und die Akademie: Das alles ist gut und interessant!«

»Weil es die Neue Wirklichkeit ist«, sagte ich.

Am nächsten Morgen fuhren wir wieder mit dem Lieferwagen umher und lieferten Regale aus. In der Münzstrasse kamen wir an einem Geschäft für Pinsel und Farben vorbei, *Künstlerbedarf am Alex.*

»Halt an!«, rief Kracht.

Wir hielten mit rauchenden Reifen, sprangen aus dem Auto, liefen zum Schaufenster und starrten in die Auslage. »Bob-Ross-Spezialgeschäft« stand auf einem grossen Schild, das auf einer Staffelei stand. Daneben lagen Spezial-Pinsel, Spezial-Schwämme und Spezial-Farben, mit denen man Bilder in Bob-Ross-Technik herstellen konnte. Auch ein paar Bob-Ross-Gemälde hingen im Schaufenster: Alpenpanoramen, Wasserfälle, Wälder. Und ein Schild: »Bob-Ross-Malkurse. Jeden Donnerstag. Bei Interesse bitte hier im Laden melden.«

»Bob Ross ist Gott«, sagte Christian Kracht, »vielleicht ist das ja ein Ausweg aus allem. Denn Kunst ist das ja nun offensichtlich nicht!«

»Das sehe ich aber anders!«, rief ich und wollte lieber wieder zurück zum Lieferwagen gehen.

»Keine Angst«, beruhigte mich Kracht, »wir werden hier schon nicht aus Versehen zu Künstlern werden, nur weil wir in diesen Bob-Ross-Laden gehen! Wir wollen einfach nur sehen, ob etwas Interessantes passiert!«

Wir rissen die Tür des Eckladens auf und traten ein.

Absolute Stille empfing uns.

Nur das Zischen einer Mücke war zu hören, die gerade in der elektrischen Insektenfalle über der Tür verbrannte.

Dann vernahmen wir ein leises Schlurfen. Aus dem Lagerraum trat ein kleiner, alter Mann mit einer sehr dicken Brille hervor und stellte sich hinter die Theke.

»Sie wünschen?«, fragte er mit zitternder Stimme.

»Guten Tag«, sagte Kracht, »wir würden gerne einen Malkurs belegen, wir haben den Aushang in Ihrem Schaufenster gesehen!«

»Ja, wissen Sie«, sagte der alte Mann, »der Kurs fällt diese Woche aus ...«

»Warum?«, fragten wir im Chor, neugierig und enttäuscht.

»Weil die Künstlerin, die den Kurs leitet, diese Woche verhindert ist ...«, sagte der alte Mann und sah uns misstrauisch durch seine sehr dicken Brillengläser an.

»Vielleicht können Sie uns Ihre Visitenkarte geben«, sagte ich, übertrieben gestikulierend, »dann können wir nächste Woche einfach anrufen und fragen, ob der Kurs wieder stattfindet!«

»Hm, ja, na schön, hier ist meine Karte, aber rufen Sie nie nach achtzehn Uhr an, das ist sehr wichtig!« Dabei drohte er uns mit dem Zeigefinger.

Wir nahmen die Karte und verabschiedeten uns höflich. Als wir die Visitenkarte draussen gemeinsam durchlasen, blieb uns die Luft weg: »Künstlerbedarf am Alex«, stand darauf, und darunter: »Inhaber: Günter Prophet«!

»Günter Prophet!«, schrie Kracht, »Und ich habe dir doch eben grade noch gesagt, dass Bob Ross Gott ist! Und Günter Prophet ist sein Prophet!«

Eine Woche später riefen wir also an, bei Günter Prophet, und weil niemand ans Telefon ging, fuhren wir wieder zu seinem Laden, und dann noch einmal, und dann noch einmal, und jedes Mal hatte Günter Prophet eine neue Ausrede, warum der Malkurs nicht stattfinden konnte.

Irgendwann gaben wir den Gedanken an den Kursus auf.

Kracht hielt noch ein Seminar über Memphis-Design an meiner Akademie, das kürzeste und erfolgreichste Seminar, das jemals an der Wissenschaftsakademie Berlin stattgefunden hat. Es war dermassen überfüllt, dass wir noch während des Seminars ständig zusätzliche Anwesenheits-Scheine drucken mussten. So gross war der Andrang.

Dann reiste Kracht nach Kathmandu, um dort tatsächlich das Ratgeber-Magazin *Der Freund* zu gründen. Gemeinsam mit Dr. Eckhart Nickel, der schon vorgereist war, um Redaktionsräume im Hotel Sugat anzumieten, mit Blick auf den Palast des Königs.

»Wenn irgendjemand in Nepal die Neue Wirklichkeit gesehen hat, dann Nickel und Kracht«, dachte ich, wenn ich neue Telegramme und Postkarten aus dem Hotel Sugat bekam. Und natürlich schrieb ich auch selber Texte für das neue Magazin, über Schleifmaschinen, über Brotaufstriche und über Lycopodium.

Als Kracht ein Jahr später nach Berlin zurückkam, nahmen wir unsere Lieferfahrten sofort wieder auf. Wir staunten nicht schlecht, als wir die vielen Bücherstapel bei Nicolaus Schafhausen sahen, für die er eine riesige Regalwand bestellt hatte. Und wir staunten noch mehr, als wir Daniel Richter Regale in sein Atelier lieferten: So grosse Gemälde hatten wir noch nie gesehen!

Während wir von einem Kunden zum nächsten fuhren,

rauchten wir unsere Tabak-Pfeifen und unterhielten uns nun immer häufiger darüber, wie man möglichst schnell möglichst viel Geld verdienen könnte. Wie sich herausstellte, interessierte Kracht das Thema fast noch brennender als mich. »Man müsste einen Musik-Hit fabrizieren, damit kann man sehr viel Geld verdienen«, sagte Kracht und stellte das Radio lauter. Aber leider verstanden wir von Musik so gut wie gar nichts.

Dann klingelte mein Handy, es war Moritz von Uslar: »Yo, Raf, servus«, schrie er ins Telefon, »habe schon wieder ein neues Theaterstück fertig geschrieben, nächste Woche wird's am Berliner Ensemble aufgeführt!«

Ich war sehr beeindruckt, das war ja nun schon das dritte Theaterstück, das Uslar in kurzer Zeit geschrieben hatte!

»Wie viel Geld verdient man denn eigentlich mit so einem Theaterstück?«, wollte ich sofort von ihm wissen.

»Yo, Raf, machs gut, muss auflegen!«, war Uslars Antwort. Wahrscheinlich bekam er in genau diesem Moment vom Theaterdirektor einen Batzen Geld, den er jetzt nachzählen musste.

»Das war Usli«, sagte ich zu Kracht, der an diesem Tag den Lieferwagen steuerte. »Er hat schon wieder ein Theaterstück geschrieben, und nächste Woche wird's am Berliner Ensemble aufgeführt!«

Ich sah nun sehr deutlich, wie Christian Kracht vor Neid erst grün und dann blau wurde.

»Das ist doch nun schon sein drittes Theaterstück«, presste er wütend hervor, »und bestimmt hat er ganz viel Geld dafür bekommen!«

Sofort beschlossen wir, selbst auch ein Theaterstück zu schreiben.

Am nächsten Tag setzten wir uns in den Zug nach Stettin, denn wir brauchten für diese kreative Arbeit Abstand von Berlin.

»Jetzt werden wir reich!«, rief ich, als der Zug anfuhr.

Während die Landschaft draussen vorbeizog, redeten wir lange Zeit darüber, was wir uns alles von den Tantiemen für unser Theaterstück kaufen wollten.

»Aber wovon soll unser Stück überhaupt handeln?«, fragte Kracht plötzlich.

»Weiss nicht«, sagte ich. »Du bist doch der Schriftsteller!«

Aber Kracht hatte auch keine Idee.

»Ruf Usli an«, sagte er schliesslich ganz leise, damit die Mitreisenden in unserem Abteil es nicht hörten, »und frag ihn mal ganz unauffällig, ob er nicht schon eine Idee für sein nächstes Theaterstück hat! Und frag ihn auch gleich, wie das überhaupt geht, mit der Aufteilung, erster Akt, zweite Szene und so weiter: Wie so ein Theaterstück aufgebaut sein muss!«

Wir waren ja beide noch nie im Theater gewesen.

»Gute Idee, ich rufe Uslar an«, sagte ich begeistert.

Aber Uslar ging nicht ans Telefon.

»Dann rufen wir eben Rainald Goetz an!«, sagte Kracht ungeduldig.

Aber Goetz ging auch nicht ans Telefon.

Als wir im Hotel Neptun in Stettin angekommen waren und in der Neptun-Suite unsere Koffer auspackten, hatte ich plötzlich eine geniale Idee.

»Ich weiss jetzt, wovon unser Stück handeln wird«, rief ich und klatschte mir an die Stirn.

»Wieso, wovon denn?«, fragte Kracht.

»Wir schreiben einfach alles auf, was wir erleben, von dem Moment an, in dem wir in dieses Hotelzimmer gekommen sind! Und zwar eins zu eins! Ohne irgendwelche Erfindungen! Wie Buchhalter!«

Kracht setzte sich sofort hin und fing an zu schreiben:

Akt 1, Szene 1:
Hotelzimmer in Polen:
Horzon und Kracht erscheinen auf der Bühne.

KRACHT: Schön hier, schöne Tapeten, schöner Teppich, alles schön.

HORZON: Hoffentlich ist auch das Essen gut.

KRACHT *streng*: Wir essen aber nichts, wir müssen kreativ sein, das ist nur möglich, wenn wir fasten und auch nichts trinken!

HORZON: Vier Tage lang?

KRACHT: Vier Tage lang.

HORZON: Aber wenn wir uns beeilen, dann haben wir das Stück ja vielleicht schon morgen fertig, und dann können wir essen.

KRACHT: Aber worüber sollen wir denn eigentlich schreiben? Hast du nochmal versucht, Usli anzurufen?

HORZON: Ja, ist nicht rangegangen ...

KRACHT: Und Goetz?

HORZON: Auch nicht rangegangen ...

KRACHT: Hm ...

Beide packen ihre Koffer aus. Plötzlich schlägt sich Horzon klatschend mit der Hand auf die Stirn.

HORZON: Ich weiss jetzt, wovon unser Stück handeln wird!

KRACHT: Wieso, wovon denn?

HORZON: Wir schreiben einfach alles auf, was wir erle-

ben, von dem Moment an, in dem wir in dieses Hotelzimmer gekommen sind! Und zwar eins zu eins! Ohne irgendwelche Erfindungen! Wie Buchhalter!
Kracht setzt sich sofort hin und fängt an zu schreiben:
Kracht, schreibend: Akt 1, Szene 1, Hotelzimmer in Polen, Horzon und Kracht erscheinen auf der Bühne.
Kracht: Schön hier, schöne Tapeten, schöner Teppich, alles schön.
Horzon: Hoffentlich ist auch das Essen gut.
Kracht, streng: Wir essen aber nichts, wir müssen kreativ sein …

An dieser Stelle hörte Kracht auf zu schreiben: »Das geht so nicht, das dreht sich doch irgendwann im Kreis!«

Auch mir wurde schwindelig, ausserdem knurrte mir der Magen: »Vielleicht können wir ja heute ausnahmsweise doch noch etwas essen … Und morgen fasten wir dann und schreiben das Theaterstück!«

Die nächsten Tage verbrachten wir untätig vor dem Fernseher. Die üppigen Mahlzeiten liessen wir uns aufs Zimmer bringen. Kracht fand eine grosse Rolle Tesaband, mit der er aus Langeweile alle Schranktüren, Schubladen und Fenster zuklebte. Nachts ging er auf den Hotelfluren umher, um Menschen zu finden, die er mit dem Tesaband fesseln wollte. »Nur so, zum Spass«, wie er sagte. Ich hatte in diesen Tagen ziemlich grosse Angst vor ihm. Das Theaterstück hatten wir schnell aus den Augen verloren.

Nach vier Tagen fuhren wir nach Świnoujście, dem ehemaligen Swinemünde, von dort aus wollten wir zu Fuss nach Berlin gehen, immer am Strand entlang.

Wir hatten schon in Stettin gemerkt, dass wir viel zu viel

Kleidung mitgenommen hatten, dicke Parkas, Thermohosen, Wollmützen und sehr viel wollene Unterwäsche. »Polen liegt direkt neben Russland, dort ist es sehr kalt! Also: Thermohosen einpacken«, hatte Kracht in Berlin als Parole ausgegeben.

Als wir jetzt an der Promenade von Świnoujście aus dem Taxi stiegen, schlug uns glühend heisser Wind entgegen, es war Mitte August.

Schweissüberströmt stolperten wir mit unseren schweren Koffern über den heissen Strand, an Tausenden von nackten Polinnen und Polen vorbei. Schnell wurde die Polizei gerufen.

»Was machen Sie hier?«, fragte uns der Sergeant in akzentfreiem Deutsch.

»Wir suchen die Grenze«, sagte Kracht und wischte sich den Schweiss aus dem Gesicht, der in Sturzbächen unter seiner Pudelmütze hervorkam.

»Die Grenze ist dort drüben, etwa vier Kilometer entfernt von hier!«, sagte der Sergeant und zeigte auf einen winzigen Punkt am Horizont.

»Vielen Dank, Sergeant!«, riefen wir.

Nach ungefähr zwei Stunden Marsch durch die flirrende, sirrende Hitze waren wir angekommen. Die Grenze bestand aus einem Volleyball-Netz, das über den gesamten Strand hinweg gespannt war, vom Wasser bis in die Dünen.

Vor dem Netz lümmelte ein Soldat im Sand herum und wienerte sein Maschinengewehr.

»He, was machen Sie da?«, fragte er uns, als wir Anstalten machten, über das Netz zu klettern.

»Wir wollen über die Grenze ... nach Berlin ...«, erklärten wir, schwitzend und schwer atmend.

»Nein«, sagte der Soldat.

»Aber wieso nein?«, rief ich. »Nach dem Schengener Abkommen sind wir doch berechtigt ...«

»Halt! Hier Grenze!«, rief der Soldat.

Dann zeigte er auf einen winzigen Punkt am Horizont: »Wenn Sie über die Grenze wollen, müssen Sie dorthin gehen, und dort nehmen Sie ein Taxi und fahren über die Grenze!«

»Aber von dort sind wir doch gerade gekommen!«, schrie Kracht fassungslos. Dann kramte er in seinem riesigen doppelwandigen Daunen-Parka. »Na, und wie sieht's jetzt aus?«, fragte er und hielt dem Soldaten einen feuchtgeschwitzten Zehn-Złoty-Schein unter die Nase. »Wie siehts jetzt aus, Freundchen: Grenze immer noch zu?«

Zur Antwort gab der Soldat einen Warnschuss aus seinem Maschinengewehr ab. Dann schoss er eine ganze Salve in die Luft. Dann schoss er sein ganzes Magazin leer.

Schreiend vor Angst rannten wir in unseren Thermo-Hosen über den glühend heissen Sand.

In Świnoujście stiegen wir in ein Taxi.

Tief in der Nacht erreichten wir Berlin.

KAPITEL 19

Eine Woche später fuhr ich alleine zum Atelier von Anselm Reyle, um ihm ein Schuhregal zu liefern. Kracht konnte nicht mitfahren, er lag mit Schüttelfrost im Bett, also hatte ich ihm ausnahmsweise frei gegeben.

Als ich an der angegebenen Adresse ankam, einem riesigen Fabrikgebäude aus Backstein, öffnete mir eine freundliche Sekretärin die Tür und führte mich in ein holzvertäfeltes Büro. In eine Wand war ein Aquarium mit Zierfischen eingelassen. Während ich auf Anselm wartete, tippte die Sekretärin Zahlenreihen in ihren Computer.

Sicherlich hat Anselm irgendwo in dieser Fabrik einen Raum gemietet, wo er seine Bilder malt, dachte ich mir. Ich hatte ihn zuletzt vor fünf Jahren gesehen, als ich versucht hatte, ihn als Mitarbeiter zu rekrutieren.

Nach einer halben Stunde kam Anselm Reyle ins Büro, gutaussehend und aufgeräumt wie immer.

»Was ist denn das hier eigentlich für eine Firma?«, fragte ich ihn, nachdem wir uns begrüsst hatten und nun gemeinsam die Fabrikhallen abschritten. Aber Anselm verstand meine Frage nicht. »Ich meine, was wird hier hergestellt?«, fragte ich noch einmal. »Was machen die ganzen Leute hier?«

Dann, als ich genauer hinsah, blieb mir die Luft weg: All die Menschen, die in den fünf oder sechs Fabrikhallen standen, waren damit beschäftigt, bunte Streifen auf Leinwände zu kleben oder zu malen, mit Pinseln, Spachteln, Löffeln, in allen möglichen Farben und Techniken.

»Diese Leute stellen alle Streifenbilder für dich her?«, fragte ich fassungslos. »Und all diese Bilder werden dann auch verkauft?«

»Nein, nein, nicht alle«, erklärte Anselm, »pass auf, ich zeig dir, wie wir hier arbeiten.«

Er ging an einen der Tische, an dem ein junger Mann gerade ein sehr buntes Streifenbild fertiggestellt hatte, mit silbernen, neongrünen, schwarzen und gelben Streifen.

»Das: Nein!«, sagte Reyle. Der Mitarbeiter liess das Bild unter den Tisch segeln und machte sich daran, die nächste Leinwand zu bemalen.

»Was war denn falsch an dem Bild«, fragte ich Reyle.

»Hat mir nicht so gut gefallen!«

Dann ging er zu einem anderen Tisch, an dem eine Mitarbeiterin gerade ein sehr buntes Streifenbild fertiggestellt hatte, mit goldenen, pinken und hellblauen Streifen.

»Das: Ja!«, sagte Reyle. Die Mitarbeiterin legte es zur Seite und machte sich daran, die nächste Leinwand zu bemalen.

Reyle nahm nun eine Farbdose, tunkte den Dosenrand in eine kleine Lache roter Farbe und stempelte damit seine Signatur auf das fertige Bild, eine dünne Kreislinie mit einigen exakt kreisrunden Farbspritzern daneben. Dann verschmierte er noch einen der Farbtupfer mit dem Finger. Es sollte so aussehen, als hätte jemand aus Versehen eine übergelaufene Farbdose auf das Bild gestellt.

Ich schaute ungläubig zu. So etwas Geniales hatte ich noch nie gesehen. Die New Yorker Factory war ein müder Scherz dagegen. Dort hatte Warhol vielleicht einmal in der Woche mit Gerard Malanga ein paar Siebdrucke hergestellt, und dann war es auch schon wieder Zeit für die nächste Peitschentanz-Party.

Dagegen war das hier Manchester. Hier wurde täglich von sechs bis sechsundzwanzig Uhr gearbeitet, und zwar nicht mit einem Gerard Malanga, sondern mit fünfzig Gerard Malangas!

Was hätte ein Mensch wie Anselm Reyle, mit diesen riesigen Talenten, für die Neue Wirklichkeit bewirken können. Wäre er nicht ausgerechnet Künstler geworden!

»Wie viel kosten deine Bilder eigentlich mittlerweile?«, fragte ich, ernsthaft interessiert.

»Also in dieser Grösse«, sagte Reyle zerstreut und zeigte auf ein mittelgrosses Streifenbild, »vielleicht zwanzigtausend Euro? Oder hunderttausend? Frag am besten im Büro nach ...«

Ich war sprachlos.

Wir spazierten in die nächste Fabrikhalle. »Und was macht ihr eigentlich mit den Bildern, die du nicht so gut findest«, fragte ich übertrieben beiläufig, denn ich entwickelte gerade eine Art Geschäftsidee.

»Die werfen wir weg ...«, war die Antwort.

»Die werft ihr also einfach weg«, sagte ich in einem gespielt geistesabwesenden Singsang. »Die werft ihr also weg, einfach so ... in den Müll?«

Währenddessen arbeitete mein Hirn fieberhaft: Hatte ich nicht vorhin unten im Hof der Reyle-Fabrik einen riesigen Müllcontainer gesehen? Sicherlich war er voller ausgemusterter Streifenbilder! Und war es nicht sehr einfach, so eine Farbdosen-Signatur herzustellen, in meinem Möbelladen, nach Feierabend, wenn all meine Mitarbeiter schon lange schliefen ...

»Ja, in den Müllcontainer ...«, holte mich Reyle aus meinen Träumen, »... aber vorher *zerschneiden* wir die Leinwände natürlich!«

»Wie bitte? Wieso denn das? Wofür soll denn das gut sein?«, schrie ich, leider viel zu laut, riss mich aber schnell wieder zusammen und sagte lachend, um meinen grossen Ärger zu überspielen: »Ach so, natürlich, damit nicht irgendjemand auf die Idee kommt, Signaturen auf die Bilder zu malen und sie zu verkaufen! Oder?«

»Ja genau ...«, sagte Reyle und beobachtete mich misstrauisch aus den Augenwinkeln.

Bald hatten wir die Skulpturen-Halle in Reyles riesiger Fabrik erreicht, und ich hatte mit ein paar Plaudereien wieder für eine sehr entspannte Stimmung gesorgt.

»Was ist denn das?«, fragte ich und zeigte auf eine kleine Skulptur, ungefähr dreissig Zentimeter hoch, eine Alien-artige Mutterfigur aus glattgeschliffenem Holz.

»Die habe ich auf einem Basar gefunden«, erklärte mir Reyle, »dann haben meine Mitarbeiter sie gescannt, auf drei Meter Höhe vergrössert und in Bronze giessen lassen. Zwei davon haben wir gerade verkauft. Und die nächsten beiden sind auch schon vorbestellt ...«

Ich hatte wirklich keine Ahnung, wovon er redete. Dann erzählte ich ihm von meinem Besuch mit Christian Kracht im Bob-Ross-Shop und dass wir es einfach nicht schafften, dort einen Malkurs zu belegen.

»Ach wirklich«, sagte Reyle, »dann muss ich dir jetzt mal was zeigen, bei mir hat das nämlich auf Anhieb geklappt ...«

Er führte mich in sein riesiges Bilder-Lager, stieg auf eine Leiter, nach ganz oben links, da sein Archiv streng chronologisch geordnet war, und holte zwei kleine Leinwände aus dem Regal. Er musste den Staub abpusten, so lange hatte er sie nicht mehr hervorgeholt. Dann reichte er sie mir: Zwei lupenreine Bob-Ross-Landschaftsgemälde! Ein Alpenpanorama und ein Waldstück mit spiegelndem See und Wasserfall.

»Ich zeige dir hier«, sagte Anselm Reyle lächelnd, »was ich noch niemandem gezeigt habe: Meine ersten beiden jemals gemalten Bilder, in Bob-Ross-Technik.

»Der Schlüssel zu deinem gesamten Werk!«, flüsterte ich überwältigt.

Dann sah er auf seine Armbanduhr und murmelte etwas von einem Treffen mit Christian Boros. Wir verabschiedeten uns, und dann liess er mich allein in seinem riesigen Bilderlager.

Ich probierte sofort aus, ob die beiden Bob-Ross-Bilder unter meinen Pullover passten, aber sie waren zu gross. Dann schlenderte ich durch die Fabrikhallen zurück ins Empfangsbüro. Ich wollte die Sekretärin noch nach der korrekten Rechnungsadresse für mein Schuhregal fragen. Während sie telefonierte, las ich in einem Artikel, der auf ihrem Schreibtisch lag, dass eines von Reyles Gemälden bei einer Auktion soeben den wahnwitzigen Preis von dreihundert Milliarden Dollar erzielt hatte!

Am selben Abend erzählte ich Christian Kracht von meinen Erlebnissen in Reyles Fabrik. Sofort setzten wir uns hin und schrieben in nur einer Nacht das lange geplante Theaterstück. Es wurde, so könnte man es wohl bezeichnen, ein Brecht'sches Lehrstück über Kunst und Kapitalismus. Die Hauptfiguren waren unverkennbar nach unserem Vorbild gezeichnet: zwei ängstliche, grausame junge Männer, die um jeden Preis reich und berühmt werden wollen. Mit dem einzigen Unterschied, dass sie ihr Ziel als Künstler erreichen möchten. Was ihnen am Ende auch gelingt.

Das Stück nannten wir »Bayrische Motoren Werke«.

Als der Regisseur Stefan Bachmann es zu lesen bekam, wollte er es sofort am Thalia Theater in Hamburg aufführen. Nur der Titel gefiel ihm nicht, denn es war klar, dass die Bayrischen Motoren Werke nicht einverstanden sein würden mit der Verwendung ihres Namens.

Aber lange Zeit fiel uns kein anderer Titel ein ...

Nachdem das Theaterstück also endlich geschrieben war und ich mittlerweile zwei neue Mitarbeiter eingestellt hatte, die das Ausliefern der Regale für uns übernahmen, hatten Kracht und ich auf einmal wieder sehr viel Freizeit.

Gelangweilt stöberten wir eines Morgens in meiner Bibliothek, als uns ein grossformatiger Bildband in die Hände fiel: *L. Ron Hubbard – Der Autor und sein Werk*.

Ich hatte das Buch einige Jahre zuvor geschenkt bekommen, und zwar in der Hamburger Scientology-Niederlassung, die ich versehentlich für eine Zweigstelle meiner Krankenkasse gehalten hatte.

Auf dem Umschlag dieses Bildbands war Ron Hubbard abgebildet, der im schwarzen Anzug an seinem Schreibtisch sass und offensichtlich gerade seine Memoiren verfasste. In der rechten Hand hielt er einen grossen weissen Gänsekiel, am Handgelenk trug er eine schwere Kette aus Gold. Das Foto war stark weichgezeichnet, wie in einem Traum. Begeistert schlugen wir das Buch auf, es war untergliedert in folgende Kapitel:

Der Philosoph
Der Philanthrop
Der Pädagoge
Der Management-Experte

Der Forscher
Der Schriftsteller
Der Künstler

Zu jedem Kapitel waren neben kurzen Texten mehrere Fotos abgedruckt. Im Kapitel »Der Philanthrop« gab es zum Beispiel ein Foto, wie Hubbard einem einfachen Mann aus dem Volk, kenntlich gemacht durch seine Schiebermütze, die Hand schüttelte. Im Kapitel »Der Management-Experte« sah man Hubbard telefonierend hinter seinem überfüllten Schreibtisch.

Am meisten faszinierte uns aber ein Foto im Kapitel »Der Forscher«: Der junge Hubbard mit einem Tropenhelm auf dem Kopf, die Hände lässig in die Hosentaschen gesteckt, der dabei zusah, wie mehrere dunkelhäutige Männer mit Hacken und Spaten den Boden durchwühlten. Darunter die Erläuterung: »Im Alter von 21 Jahren leitete L. Ron Hubbard eine Forschungsexpedition zu den Westindischen Inseln, um nach Gold und anderen wertvollen Materialien zu suchen.«

Atemlos legten wir das Buch wieder aus der Hand. Es war klar, dass wir es hier mit einem der grössten Genies des 20. Jahrhunderts zu tun hatten!

Sofort riefen wir die Auskunft an und fragten nach der Adresse der Berliner Scientology-Zentrale. Wir wollten sie aufsuchen und einen grossen Erlebnis-Bericht für Krachts Ratgeber-Magazin *Der Freund* verfassen.

Auf dem Weg in die Otto-Suhr-Allee malten wir uns unseren Besuch bei Scientology in leuchtenden Farben aus: »Dort gibt es alles umsonst«, erklärte ich Kracht, »das Buch habe ich ja auch geschenkt bekommen, und auch der Kaffee war umsonst!« Vergnügt rieb Kracht sich die Hände: »Vielleicht gibt es ja sogar eine Mahlzeit umsonst!«

Am Rosenthaler Platz trafen wir unseren Freund Franz von Stauffenberg. »Was macht ihr, wo fahrt ihr hin?«, fragte er uns, als Kracht das Beifahrerfenster heruntergelassen hatte.

»Wir fahren in die Scientology-Zentrale«, riefen wir stolz. »Umsonst essen, umsonst trinken, umsonst Bücher mitnehmen, alles umsonst! Und dann schreiben wir einen Erlebnis-Bericht darüber für das Magazin *Der Freund.*«

»Ja aber wisst ihr denn nicht«, fragte uns Franz sehr ernst dreinblickend, »dass das eine Sekte ist, in der ihr einer Gehirnwäsche unterzogen werdet?«

»Nein, das wussten wir nicht«, riefen wir erschrocken.

»Und besonders gefährlich ist es, wenn sie herausfinden, dass ihr Journalisten seid!«, rief Franz uns noch hinterher.

Nachdenklich geworden durch diese Begegnung setzten wir unsere Fahrt fort.

»Vielleicht hat Franz ja recht«, sagte Kracht und sah mich fragend an. Mir fiel auf, dass er viel stärker an seiner Pfeife saugte als sonst.

»Dann werden wir uns jetzt einfach andere Namen für uns ausdenken, Anagramme«, sagte ich, »und andere Berufe und andere Adressen, falls sie uns danach fragen sollten. Und vor allem sagen wir natürlich nicht, dass wir für das Magazin *Der Freund* schreiben!«

»Anagramme?«, fragte Kracht und saugte nervös an seiner Pfeife.

»Ja, pass mal auf«, sagte ich, »aus den Buchstaben von ›Rafael Horzon‹ kann man zum Beispiel folgende Namen bilden: Honoré F. Lazar. Oder: Harro Zelofan. Oder: Hanef R. Zorola!«

»Harro Zelofan klingt auf jeden Fall am unauffälligsten«, meinte Kracht. »Und dann sagst du, dass du Papierhändler bist, dann hast du gleich eine Eselsbrücke zu deinem Namen!«

Aus »Christian Kracht« konnte man allerdings nicht so gute Anagramme bilden. Schliesslich hatte Kracht aber doch eins gefunden: Richart Kantisch.

»Das ist zwar etwas komisch, mit dem ›t‹ in ›Richart‹«, sagte Kracht, »aber ich werde mich als Russland-Deutschen ausgeben. Und als Beruf gebe ich an: Holzhändler. Dann habe ich eine Eselsbrücke von ›Kantisch‹ zu ›Kantholz‹«.

Mittlerweile waren wir vor der Scientology-Zentrale angekommen.

Zögernd gingen wir auf den Eingang zu.

»Harro Zelofan, Papierhändler«, übte ich murmelnd.

»Richart Kantisch, Holzhändler«, übte Kracht murmelnd.

Im riesigen Foyer der Zentrale setzten wir uns sofort in ein Sofa vor einem grossen Bildschirm, auf dem ein Film über das Leben von Ron Hubbard lief.

»Hoffentlich spricht uns keiner an«, flüsterte ich Kracht zu, und in genau diesem Moment erschien ein stark geschminkter Kopf über uns. Er gehörte zu einer Frau, die sich von hinten an uns herangeschlichen hatte und jetzt ziemlich laut sagte: »Guten Tag, die Herren!«

Wir erschraken so sehr, dass wir fast vom Sofa gefallen wären.

Hoffentlich merkt sie nicht, dass wir für das Magazin *Der Freund* arbeiten, dachte ich noch, und kaum hatte ich das gedacht, ging die Frau auch schon um das Sofa herum und fragte uns augenzwinkernd: »Die Herren sind doch hoffentlich nicht von der Presse, wie?«

Mir wurde schwarz vor Augen. »Himmel hilf!«, dachte ich. »Sie haben unsere Gehirne gescannt!« Ich sah Kracht an und merkte, dass er genau dasselbe dachte wie ich.

»Nein, nein, nicht von der Presse«, stotterte Kracht immerhin, während ich ganz stumm blieb und wie ein Schuljunge zur Seite schielte.

»Schön, schön«, sagte die Scientologin, setzte sich auf einen Stuhl neben unserem Sofa und sah mich an. »Darf ich wissen, wie Sie heissen, und was Sie beruflich so machen?«

Was nun in meinem Kopf vor sich ging, kann ich nur schwer rekonstruieren. Ich weiss nur, dass ich mir ganz fest vorgenommen hatte, zu sagen: »Harro Zelofan, Papierhändler«. Stattdessen – und ich gebe zu, dass ich dafür auch heute, trotz meines hohen Alters, immer noch keine Erklärung habe – stattdessen sagte ich, nein, schrie ich, viel zu laut und viel zu schnell:

»Rafael Horzon, Möbelhändler und Korrespondent für *Der Freund*!«

Entsetzt sprang Kracht vom Sofa auf und zischte mich an: »Also, wie kann man nur so voll-kom-men ...«

»Wieso, wie bitte, was hat Ihr Kollege gesagt?«, wollte die Scientologin von Kracht wissen. »Dass er Möbelhändler ist?« Zum Glück hatte sie den zweiten Teil meines hektischen Geschreis wohl gar nicht verstanden.

»Ja, Möbelhändler«, sagte Kracht, um die Scientologin nicht misstrauischer zu machen als nötig, »Rafael Horzon ist sein Name.«

»Horzon, Möbelhändler«, wiederholte die Scientologin und kritzelte in ihr Notizbuch. »Und wer sind Sie«, wandte sie sich an Kracht.

»Christian Kracht, der bekannte Schriftsteller«, sagte Kracht, der sich nun schon wieder etwas wohler fühlte.

»Kracht, Schriftsteller«, kritzelte die Scientologin in ihr Notizheft.

»Also«, fuhr sie fort, »dann möchte ich Sie beide erst mal recht herzlich begrüssen bei uns!«

»Vielen Dank!«, riefen wir, und uns gefiel es jetzt schon wieder ganz gut, in der Scientology-Zentrale.

»Die meisten Menschen«, sagte die Scientologin nun, »kommen zu uns, weil sie mit ihrer Lebenssituation nicht zufrieden sind. Weil sie Probleme haben ...« Dann drehte sie sich zu Kracht: »Was möchten Sie in Ihrem Leben ändern, was haben Sie für Probleme?«

Auf diese Art von Fragen hatten wir uns natürlich nicht vorbereitet!

»Probleme ... hm, ja ...«, stotterte Kracht, dann schien er aber ganz froh zu sein, dass er eine Antwort gefunden hatte: »Ich trinke heimlich Alkohol!«

»Alkoholismus«, schrieb die Scientologin in ihr Notizbuch und nickte dabei besorgt mit dem Kopf.

»Und was führt Sie zu uns?«, fragte sie mich anschliessend. »Was haben Sie für Probleme?«

»Ich stehle heimlich ...«, sagte ich.

»In Kaufhäusern?«, wollte sie wissen.

»Ja, aber zum Beispiel auch am Strand oder in Universitäten«, sagte ich, etwas übereifrig.

»Und wir beide lügen auch ziemlich viel«, krähte Kracht nun noch dazwischen. Wir waren beide so froh, dass die Scientologin so nett zu uns war, dass wir jetzt gleich mit der ganzen Wahrheit herausrücken wollten.

»Gut, dann wollen wir mal«, sagte die Scientologin und stand von ihrem Stuhl auf. »Wenn Sie mir folgen möchten.«

Als sie uns den Rücken zugedreht hatte, knuffte ich Kracht in die Seite: »Siehst du, gar nicht so schlimm!« Auch Kracht hatte jetzt wieder richtig gute Laune.

»Jetzt geht es sicherlich in die Mensa?«, fragte ich die Scientologin von hinten und rieb mir im Gehen mit der Hand über den Bauch.

Verblüfft blieb sie stehen und drehte sich zu uns um: »Mensa? Was soll das sein?«

»Na ja, Mensa«, erklärte Kracht und tippte ungeduldig auf seine Armbanduhr, »zwölf Uhr, Mittagessen!«

»So etwas haben wir hier leider nicht«, sagte die Scientologin, »da muss ich Sie enttäuschen ...«

»Wie bitte«, rief Kracht, »keine Umsonst-Mahlzeiten?« Dann drehte er sich zu mir: »Aber du hast doch gesagt, dass wir hier umsonst Essen bekommen!«

»Auch keinen Kaffee?«, fragte ich.

»Nein, Entschuldigung«, sagte die Scientologin.

»Dann will ich jetzt sofort Bücher haben!«, forderte Kracht.

»Bücher?«, fragte die Scientologin.

»Ja, genau«, rief jetzt auch ich, »Bücher über Bob Ross ...«

»Ron Hubbard«, verbesserte Kracht mich lehrmeisterhaft.

»Ja gut, Ron Hubbard«, sagte ich, und dann zur Scientologin, wild gestikulierend: »Bücher über sein Leben, wie er in Indien das Gold gefunden hat, und so weiter ...«

Die Scientologin sah uns mit grossen Augen an: »Sie meinen unsere Library? Eigentlich wollte ich mit Ihnen jetzt in den Analyse-Raum ... Aber gut, dann gehen wir zuerst in die Library ...«

Auf dem Weg dorthin rief sie über Funk noch einen Wachmann dazu, anscheinend waren wir ihr nicht ganz geheuer. Der Wachmann hatte schrankähnliche Körperform, trug eine schwarze Sonnenbrille und einen schwarzen Anzug und hatte einen schwarzen Knopf im Ohr, aus dem es rauschte.

Gemeinsam stiegen wir in einen Fahrstuhl.

»Besteigen den Fahrstuhl«, murmelte der Wachmann in das kleine Mikrofon, das an seiner Krawatte steckte.

Im dritten Stock stiegen wir aus.

»Steigen jetzt aus«, murmelte der Wachmann.

Dann betraten wir die Library.

»Library«, murmelte der Schrank.

Sofort begannen Kracht und ich, die buntesten Bücher aus den Regalen zu ziehen und auf unseren Armen aufeinanderzutürmen.

»So fertig«, riefen wir, als wir nicht mehr über unsere Stapel schauen konnten, und wollten hinausgehen. Aber der Wachmann stellte sich uns in den Weg.

Die Scientologin kam jetzt auch herbeigeeilt: »Also, bezahlen müssten Sie die Bücher natürlich schon noch ...«

»Wie bitte?«, rief Kracht. »Das kann doch wohl nicht wahr sein!«

»Probleme!«, murmelte der Wachmann in sein Mikrofon.

Sofort standen noch drei identische Wachmänner im Raum.

»Bei Scientology in Hamburg gab es alles umsonst«, rief ich wütend, »und hier gibt es erst kein Essen, dann keinen Kaffee, und jetzt sollen wir auch noch für die Bücher bezahlen!«

»Also, ich mache Ihnen einen Vorschlag zur Güte«, sagte die Scientologin. »Wir machen jetzt die Persönlichkeitsanalyse, und wenn Sie die ausgefüllt haben, dann bekommt jeder von Ihnen dieses Buch geschenkt!« Dabei hielt sie ein Buch hoch: *Dianetics – Die Entwicklung einer Wissenschaft*.

»Sind da auch Fotos drin?«, rief ich, etwas lauter als nötig, »Fotos von Expeditionen?«

Hastig blätterte die Scientologin das Buch durch: »Nein,

anscheinend nicht. Aber der Umschlag ist von Ron Hubbard persönlich gestaltet worden …«

»Na gut«, sagten wir, nicht wirklich zufrieden.

»Aber besser *ein* Buch als *kein* Buch«, raunte Kracht mir zu, als wir der Scientologin in den Analyse-Raum folgten.

Der Fragebogen zur »Oxford Persönlichkeits-Analyse« bestand aus exakt zweihundert Fragen.

Anfangs machte uns das Ankreuzen noch Spass, manche Fragen waren auch wirklich interessant, Frage 3 lautete beispielsweise: »Blättern Sie einfach zum Vergnügen in Eisenbahnfahrplänen, Telefonbüchern oder Wörterbüchern?«

Oder Frage 6: »Bekommen Sie manchmal ein Zucken in Ihren Muskeln, auch wenn es keinen ersichtlichen Grund dafür gibt?«

Bei Frage 30 oder 40 wurde uns allmählich langweilig. Aus den Augenwinkeln sah ich, wie Kracht immer häufiger aus dem Fenster schielte. Dann stand er plötzlich auf, machte es auf und warf seinen Mantel hinaus. Dann seinen Pullover.

Sofort war der Wachmann zur Stelle und packte Kracht am Kragen: »Der eine zieht sich aus«, murmelte er in sein Mikrofon.

»Was soll denn das, warum wirft er denn alles aus dem Fenster?«, fragten mich die drei anderen Wachmänner, die sofort in den Analyse-Raum gestürmt kamen.

»Der Ennui«, erklärte ich ihnen und blickte bedeutungsschwer.

»Der was?«, fragten mich die Wachmänner und kratzten sich ratlos am Kopf.

»Ich muss Sie bitten, unser Gebäude sofort zu verlassen«, sagte die Scientologin, die jetzt auch wieder dazukam.

»Und was ist mit den Büchern, die Sie uns versprochen haben?«, wollte ich wissen.

»Oder wenigstens Aufkleber oder Schlüsselanhänger!«, rief Kracht.

»Bitte gehen Sie jetzt!«, sagten die Wachmänner und drängten uns in Richtung Ausgang.

Traurig verliessen wir das Gebäude und gingen zu unserem Wagen zurück. Der Besuch bei Scientology war nicht so verlaufen, wie wir es uns erhofft hatten.

Das Theaterstück nannten wir dann trotzdem *Hubbard.* Leider konnten wir uns aber mit dem Thalia Theater nicht auf ein Konzept für das Bühnenbild einigen. Uns schwebte Revolutionsarchitektur vor, Boullée, Ledoux. Das Thalia Theater dachte an Papp-Häuschen. Und so mussten wir die Uraufführung absagen. Stefan Bachmann war darüber, glaube ich, noch trauriger als wir, aber wir blieben trotzdem gute Freunde.

Den Erlebnis-Bericht über unseren Besuch in der Scientology-Zentrale verfasste ich alleine, und man kann wohl ohne Übertreibung sagen, dass er zu den besten Texten des Neuen Deutschen Journalismus gehört. Ich bediente mich dafür einer noch nie dagewesenen textualen Technik. Ausser mir bemerkte das aber nur mein alter Freund Carl Hegemann. »Technisch brillant«, schrieb er mir in einer kurzen Mail, als der Text im Magazin *Der Freund* erschienen war. Fünf Jahre bevor dieselbe Methode zu grosser Popularität gelangen sollte.

KAPITEL 20

Es war fünfzehn Uhr. Ich sass kerzengerade und mit geschlossenen Augen an meinem Sekretär und versuchte, Man Rays Porträt der Gräfin Casati gedanklich mit den Sätzen »Ich ist ein anderer« und »Ich bin zwei Öltanks« in Beziehung zu setzen. Es gelang mir allerdings absolut überhaupt gar nicht.

Plötzlich schrillte das Telefon!

Errötend griff ich zum Hörer.

Es war Friedrich Killinger.

»Friedrich, gut, dass du anrufst«, rief ich aufgeregt in die Muschel, »bitte komm sofort an den Wannsee! Zum Strandbad! Ich muss dir die Theorie der drei Blasen erläutern!«

Während der Fahrt schaltete Friedrich Killinger das Autoradio leiser, um klarer denken zu können: »Warum sofort kommen, warum zum Strandbad Wannsee? Es ist doch erst März! Und was ist die Theorie der drei Phasen? Und was ist los mit Rafael Horzon? Es ist zunehmend schwieriger, mit ihm zu kommunizieren, besonders, seit er fast nur noch Latein redet ...«

Am Strandbad Wannsee angekommen, stieg Killinger aus seinem Sportwagen und ging mit wehendem Trenchcoat durch den unbewachten Eingang, dann die riesige Freitreppe zum Strand hinunter. Schon von weitem sah er Horzon heftig gestikulierend am Ufer hin und her laufen. In seiner rechten Hand hielt er einen langen Stock, mit dem er Blasen in den Sand zeichnete.

»Salve!«, sagte Horzon.

»Servus ...«, sagte Friedrich Killinger und betrachtete interessiert die Gebilde, die Horzon in den Sand gezeichnet hatte.

»Io volere spiegare tu teoria di tre bollas«, rief Horzon nun, und Killinger kam es vor, als hätte Horzon bei diesen Worten die Haltung eines römischen Feldherrn eingenommen.

»Könntest du bitte aufhören, Latein zu reden?«, fragte Killinger seinen Kompagnon. »Ich habe auch nicht allzu viel Zeit, muss gleich noch zu einem Bauherrn nach Dahlem ...«

»Das ist kein Latein, das ist Redeitalienisch«, sagte ich, verblüfft, Friedrich Killinger vor mir stehen zu sehen. Ich hatte ihn eben erst bemerkt, als er direkt vor mir stand und auf mich einredete.

»Also, was ist das genau, die Theorie der drei Phasen?«, fragte Killinger mich, wobei er in den bewölkten Himmel schaute und die Augen zusammenkniff.

»Theorie der drei *Blasen*!«, verbesserte ich Killinger. »Theorie der drei Phasen würde allerdings auch gehen ... Aber Theorie der drei Blasen ist anschaulicher, und deshalb habe ich dich auch hier ans Ufer bestellt, und deshalb haben diese drei Blasen hier auch alle Fischform. Damit es anschaulicher wird. Damit es leichter zu verstehen ist ...«

»Fischform?«

»Ja, schau«, sagte ich und zeigte auf eine sehr langgezogene Blase. »Diese Blase ist sehr lang, so lang wie ein Aal. Sie stellt die Wirklichkeit dar. Und sie ist so lang, weil sie schon sehr lange existiert. Sie liegt nämlich auf einer Zeitachse, die hier unten von links nach rechts verläuft, verstehst du?«

»Verstehe«, sagte Killinger und fasste mit der rechten Hand an sein Kinn, während er neugierig den Aal betrachtete.

»Und diese kurze Blase darüber, der Hering, über dem rechten Ende des Aals, das ist die Kunst.«

»Aha«, sagte Killinger, »die Kunst existiert also noch nicht so lange wie die Wirklichkeit, aber sie endet offenbar gleichzeitig mit der Wirklichkeit ...«

»Ja, richtig«, sagte ich. »Sie existiert in der Form, in der wir sie kennen, also als Kunst um ihrer selbst willen, erst seit ungefähr fünfhundert Jahren. Davor gab es Vorformen, als unfreies Handwerk, denn davor war die Kunst immer nur Werkzeug, um die Macht von Religionen oder Königen zu sichern. Ich würde sagen, der Bruch liegt ungefähr um 1500, als Albrecht Dürer sich selbst porträtiert hat. Zwar noch in Jesus-Haltung und mit Jesus-Frisur. Aber er stellt sich selbst dar. Und das ist auch der Moment, in dem die Kunst sich von der Blase der Wirklichkeit, von der Blase des Aals abtrennt und zu einer eigenen Blase wird.«

»In Heringform«, sagte Killinger.

»In Heringform«, sagte ich.

»Und dass beide Blasen hier enden, bezeichnet dann wohl das Ende der Welt?«, wollte Killinger nun wissen.

»Nein, das bezeichnet nicht das Ende der Welt«, sagte ich lächelnd, »sondern den Beginn der Neuen Wirklichkeit ...«

Und dabei zeichnete ich oberhalb der beiden ersten Blasen, dort beginnend, wo sie aufhörten, eine neue sehr lange Blase.

»Diese Blase bildet dort, wo Aal und Hering aufhören, eine neue Realität, auf einer höheren Ebene ...«, sagte Killinger, fasziniert, während er mir zusah, wie ich die Blase der Neuen Wirklichkeit in den Sand zeichnete.

»Die Blase sieht aus wie ein Hecht«, sagte er, als ich fertig war.

»Wie ein Barsch«, verbesserte ich ihn.

»Und warum enden die beiden anderen Blasen eigentlich hier?«, fragte Killinger.

»Nun ja,« sagte ich, »die Kunst hat es keinesfalls schon immer gegeben, und es wird sie auch nicht für immer geben. Wie alle Erscheinungen erlebt sie eine Blütezeit, in der sie eine Fülle von Formen entwickelt. Und irgendwann ist sie dann nicht mehr in der Lage, neue Formen zu entwickeln, sie kann nur noch die vorhandenen wiederholen. Ein typisches Dekadenz-Phänomen. Und dann wird diese Erscheinung sich langsam in nichts auflösen, so wie das Römische Reich.«

»Und an die Stelle der Kunst tritt die Neue Wirklichkeit«, führte Killinger meine Vorlesung fort, »und gleichzeitig bildet die Neue Wirklichkeit auch die Fortsetzung der Wirklichkeit. Weil sie sich als das bessere System erweist!«

»So ist es«, sagte ich.

Friedrich Killinger konnte seine Begeisterung nur schwer verbergen. Schmunzelnd betrachtete er das Diagramm der drei Blasen und rieb sich dabei die Hände.

Doch dann geschah etwas Unerwartetes. Killinger hörte auf, sich die Hände zu reiben, er hörte auf zu schmunzeln, sein Gesicht wurde aschfahl.

»Was ist?«, rief ich. »Was hast du?«

»Du hast etwas vergessen«, sagte Killinger und sah mich traurig an.

»Wie bitte?«, fragte ich, und schüttelte dabei ungläubig und sehr langsam, mit angstverzerrtem Gesicht, den Kopf. »Wie bitte? Vergessen? Was denn?« Geheimer Unwille und versteckte Ängste kamen in mir auf.

»Die Religion«, sagte Killinger.

»Die Religion?«, rief ich fassungslos, und fühlte mich wie Heinrich, Gretchen und der Pudel zugleich.

»Ja, schau«, sagte Killinger, »wenn jede dieser Blasen eine

Realität darstellt, dann fehlt die Blase der Religion. Du kannst nicht ignorieren, dass auch die Religion eine eigene Realität darstellt ...«

Mein Gesicht wurde rot vor Wut. Meine Halsadern schwollen an. Meine Hände ballten sich zu Fäusten. Mein Magen verkrampfte sich. Meine Augenlider begannen zu zucken. Schweissperlen bildeten sich auf meiner Stirn. Mein Blick verfinsterte sich. Schaum trat aus meinem linken Mundwinkel.

Es war zum Wahnsinnigwerden, aber Friedrich Killinger hatte recht. Ich hatte diese Realität, die weit ausserhalb von mir lag, einfach ignoriert. Aber er hatte recht: Es gab Religionen. Noch immer! Als hätte es die Aufklärung nie gegeben! Und es waren nicht nur ein paar zurückgebliebene, unaufgeklärte Menschen, die es ja immer irgendwo im Hinterland gab, die noch immer nichts verstanden hatten. Es waren Präsidenten, die sich plötzlich wieder auf Kreuzzüge begaben! Heilige Kriege wurden ausgerufen! Politik spielte sich nicht mehr auf dem Parkett ab, sondern zwischen Kirchen, Moscheen und Synagogen. Ein Mittelalterspektakel, in dem sich Menschen plötzlich wieder über die Religion definierten. Und ihre Feinde über die Religion definierten. Es war schlimm. Exakt genauso schlimm wie Rassismus.

»Gut«, sagte ich zu Friedrich Killinger, »du hast recht, ich werde die Blase der Religion ins Diagramm zeichnen. Sie wird noch vor der Blase der Kunst beginnen, denn sie beginnt an den Lagerfeuern der Steinzeit – und dort gehört sie auch hin. Leider gibt es sie auch heute noch. Aber sie wird auch genau hier enden, dort wo die anderen beiden Blasen enden. Und wir werden dafür sorgen, dass alle guten Ideen, die es in jeder Religion gibt, in die Neue Wirklichkeit hinübergenommen werden. Und dass alles andere wegfällt:

Das Dunkle.
Der Dünkel.
Das Dumpfe.
Der Sumpf.
Die Verdummung.
Die Unterdrückung.
Die Ignoranz.
Der Mummenschanz.«

»Und wie sollen wir das tun?«, fragte Killinger.

»Mit Spiritual Zentren!«, sagte ich, und in genau diesem Moment brach die Sonne durch die Wolkendecke und tauchte alles in ein sehr helles, freundliches Licht.

Sofort fuhren wir nach Berlin zurück, setzten uns an die quadratischen Tische unseres Redesigndeutschland-Büros und entwarfen in nur einer Nacht die Urform der Spiritual Zentren, die nach der Abschaffung aller Religionen alle religiösen Orte weltweit ersetzen sollten. Unter den Entwurf, der von einem riesigen leuchtenden Quadrat aus mehreren hundert Neon-Röhren dominiert wurde, schrieb ich folgenden Text:

> »*Fuer schaffung von ausgewogenheit unter all menschs* RDD *anstreben abschaffung von all religions und ersetzung von all religioes orts weltweit durch Spiritual Zentrums.*«

Zwei Monate lang arbeiteten wir an einem Prototypen des Zentrums, bis eines Nachts die riesige Leuchtwand vor uns stand und unser Büro in ein gleissend helles Licht tauchte. Das Licht des leuchtenden Quadrats stand natürlich für das

Licht der Aufklärung. Vor ihm sollten sich die Menschen versammeln und gute Gedanken entwickeln. Wie wirksam diese grossartige Erfindung war, konnte ich sehr bald an mir selbst beobachten: Während ich eines Abends allein vor der Leuchtwand sass und in das Licht der Aufklärung schaute, erfand ich in nur einer Sekunde das Prinzip der Eintontechnik, nach der ich noch in derselben Nacht die RDD Sinfonie 01 komponierte. Sie bestand aus einem einzigen Ton von einhundert Hertz und dauerte einhundert Stunden. Sofort liess ich meine Komposition von unserem Tonmeister Stefan Mose in Klang umsetzen.

Als unser Büro den zweitausendsten Tag seines Bestehens feierte, führten wir die Sinfonie vor der Kulisse des Spiritual Zentrums auf. Das Publikum raste vor Begeisterung.

»Wenn alle Menschen so dächten und handelten wie wir«, sagte ich zu Friedrich Killinger, »dann wäre diese Welt eine bessere. In dieser Welt wäre alles interessant, neu und ungewöhnlich. Diese Welt wäre die Neue Wirklichkeit.«

KAPITEL 21

Es war fünfzehn Uhr. Ich sass kerzengerade und mit weit aufgerissenen Augen vor der Leuchtwand des Spiritual Zentrums und versuchte, den Satz »Aude sapere« gedanklich mit den Endzeit-Parolen »Mehr Licht!« und »Der letzte macht das Licht aus« in Beziehung zu setzen. Es gelang mir allerdings absolut überhaupt gar nicht.

Plötzlich schrillte das Telefon!

Erbleichend griff ich zum Hörer.

Es war die Zollfahndung des Flughafens Tegel.

»Kennen Sie einen gewissen Dr. David Woodard«, rief der Zollfahnder aufgeregt in die Muschel.

»Ja, ist mir bekannt!«, gab ich zurück. Der amerikanische Forscher hatte mir angeboten, an der Wissenschaftsakademie Berlin einen Vortrag über den paraguayanischen Dschungel zu halten.

»Dann kommen Sie bitte sofort zum Flughafen!«, rief der Zollfahnder. »Wir haben in Dr. Woodards Gepäck einhundert Kilo Mate-Tee gefunden und beschlagnahmt. Um eine Abschiebung des Dr. Woodard nach Paraguay zu verhindern, müssen Sie persönlich für ihn bürgen!«

Während der Fahrt schaltete Rafael Horzon das Autoradio leiser, um klarer denken zu können: »Warum sofort kommen, warum zum Flughafen Tegel? Es ist doch erst März! Und was ist Marthe-Tee? Und was ist los mit David Woodard? Es ist zunehmend schwieriger, mit ihm zu kommunizieren, besonders, seit er fast nur noch Französisch redet ...«

Am Flughafen Tegel angekommen, stieg Horzon aus seinem Sportwagen und ging mit wehendem Trenchcoat durch den bewachten Eingang, dann die riesige Freitreppe zur Zollfahndung hinunter. Schon von weitem sah er Woodard fast bewegungslos hinter dem Absperrgitter der Zollstation sitzen. In seiner rechten Hand hielt er einen langen Stock, mit dem er gedankenverloren auf den Fussboden tippte.

»Bonjour!«, sagte Woodard, als er Horzon erkannte.

»Salut ...«, sagte Horzon und betrachtete interessiert die Zollfahnder, die ratlos um einen leeren Tisch herumstanden.

»Wir können uns das nicht erklären!«, rief nun einer der Zollfahnder, und Horzon kam es vor, als hätte der Zollfahnder bei diesen Worten die Haltung eines ratlosen Zollfahnders eingenommen.

»Könnten Sie bitte aufhören, in Rätseln zu sprechen?«, fuhr Horzon ihn an. »Ich habe auch nicht allzu viel Zeit, muss gleich noch zu einem Holzhändler in Dahlem!«

»Da ist kein Koffer, wo eben noch ein Koffer war«, sagte der Zollfahnder, verblüfft, einen leeren Tisch vor sich stehen zu sehen. »Wir hatten ihn doch eben erst bemerkt, als Dr. Woodard direkt vor uns stand und auf uns einredete. Er war voller Mate-Tee!«

»Also, was ist das genau, Marthe-Tee?«, fragte Horzon, wobei er an die Decke schaute und die Augen zusammenkniff.

»Mate-Tee!«, verbesserte ihn der Zollfahnder, »Marthe-Tee, wird es vielleicht auch geben ... Aber Mate-Tee ist ein Getränk, das unter die Richtlinien des Zoll-Einfuhr-Gesetzes fällt, und deshalb habe ich Sie auch hier zur Zollfahndung bestellt! Und deshalb tragen meine drei Kollegen hier auch alle Uniform! Damit es anschaulicher wird. Damit es leichter zu verstehen ist ...«

»Zoll-Einfuhr-Gesetz? Ein Tee?«, fragte Horzon überrascht.

»Ja, schauen Sie«, sagte der Zollfahnder und zeigte auf den sehr leeren Tisch. »Dieser Koffer ist sehr voll. Voller Mate-Tee. Viel zu viel Mate-Tee! Das stellt ein Vergehen dar. Obwohl ich zugeben muss, dass der Koffer nicht mehr existiert. Er liegt nämlich nicht mehr auf diesem Tisch, der dort von links nach rechts verläuft, verstehen Sie?«

»Verstehe«, sagte Horzon und fasste mit der rechten Hand an sein Kinn, während er neugierig den Zollfahnder betrachtete.

»Und dieses Brett«, fuhr der Zollfahnder fort, »auf dem der Koffer gestanden hat, vor dem Ende des Koffers, das ist ein Tisch.«

»Aha«, sagte Horzon, »der Tisch existiert also noch, der Koffer existiert allerdings nicht mehr. Und damit endet doch offenbar gleichzeitig auch die Begründung, mit der Sie Dr. Woodard hier festhalten ...«

»Ja richtig«, sagte der Zollfahnder, »die Begründung existiert nicht mehr.«

»Und das bezeichnet dann wohl auch das Ende unseres Gesprächs!«, rief Horzon.

Und mit diesen Worten – um diese sehr herrliche Caprice an dieser Stelle zu beenden – griff ich Dr. Woodard am Arm und ging mit ihm durch den bewachten Flughafen-Ausgang hinaus.

»Aber wo ist er denn nun eigentlich, Ihr Koffer? Où est votre valise?«, fragte ich Woodard, als wir auf meinen Wagen zugingen. Dabei bemerkte ich, dass Woodard seine Beine nicht bewegte, sondern auf dem Asphalt des Parkplatzes wie auf einem Laufband neben mir herzufahren schien.

»La valise se trouve déjà dans vostre véhicule«, antwortete Woodard mir in gepflegtem Alt-Französich. *Der Koffer befindet sich bereits in Ihrem Vehikel.* Dabei sah er mich durchdringend an, wobei seine rechte Pupille meinen Kopf rechts verfehlte und seine linke Pupille meinen Kopf links.

Ich lachte amüsiert auf und wollte Woodards Scherz noch etwas weiter treiben. Also ging ich an den Kofferraum, von dem ich ja wusste, dass er leer war, um ihn aufzureissen und dann übertrieben überrascht zu rufen: »Nanu! Da ist ja wirklich Ihr Koffer!« Dieser Satz blieb mir allerdings im Hals stecken. Denn als ich den Kofferaum geöffnet hatte und gerade losprusten wollte, lag da tatsächlich: Woodards Koffer! Ein Blutschwall schoss mir heiss in den Kopf, bis direkt unter die Haarwurzeln. Hastig riss ich den Koffer auf, er war voller Mate-Tee! Einhundert Ein-Kilo-Pakete. Auf jedem Paket ein Etikett: »Elisabeth Foerster-Nietzsche's Mate Tea«!

Ich fühlte mich wie auf einer schroffen Felsklippe, um mich herum Nacht. Zitternd drehte ich mich zu Woodard, um ihm den Koffer zu zeigen und eine Erklärung zu verlangen. Doch Woodard war fort.

In diesem Moment klingelte es an der Tür. Ich schreckte von meiner Chaiselongue hoch, dabei fiel ein Stapel physikalischer Lehrbücher auf den Boden, die ich vor dem Einnicken durchgearbeitet hatte.

Ich sprang zur Wohnungstür und riss sie auf, in der Tür stand: David Woodard.

»Hi, I am David Woodard«, sagte David Woodard dann auch folgerichtig, und sofort machten wir uns auf den Weg zur Wissenschaftsakademie Berlin, wo nur wenige Minuten später Woodards Vortrag über den paraguayischen Dschungel beginnen sollte.

Wer war dieser Dr. Woodard? Soweit ich informiert war, hatte er sich einige Jahre zuvor zum Bürgermeister der westamerikanischen Stadt Juniper Hills wählen lassen, indem er vor der Wahl der Ratsversammlung mit seinem Kammerorchester eine selbstkomponierte Juniper-Hills-Hymne vorgespielt hatte.

Kurze Zeit und einige verheerende Fehlentscheidungen später, mit denen Bürgermeister Woodard die Stadt an den Rand des Ruins getrieben hatte, wurde er aus dem Amt gejagt und floh nach Paraguay.

Dort begab er sich auf die Suche nach der Siedlung Nueva Germania, die einhundertzwanzig Jahre zuvor von Friedrich Nietzsches unsympathischer Schwester Elisabeth Förster-Nietzsche und ihrem noch unsympathischeren Mann Bernhard Förster gegründet worden war, um hier den neuen germanischen Menschen zu züchten. Dafür hatte das Ehepaar ein paar Dutzend verarmter, ahnungsloser deutscher Familien in den Dschungel verfrachtet, wo sie allerdings kurze Zeit später von tropischen Krankheiten dahingerafft wurden. Bernhard Förster beendete sein sinnlos gewordenes Leben mit seiner Dienstpistole, Elisabeth Nietzsche kehrte nach Deutschland zurück, um ihren dahindämmernden Bruder zu pflegen und nebenher seine Schriften derart sinnentstellend zu redigieren, dass sich Nietzsche am Ende las wie das Drehbuch für einen Riefenstahl-Film.

Einige der im Dschungel zurückgelassenen deutschen Familien hatten allerdings überlebt und lebten unter unbeschreiblichen Bedingungen noch immer in Nueva Germania. David Woodard hatte sie ausfindig gemacht und einen Plan erarbeitet, um ihre Situation zu verbessern: Erstens mithilfe von Elisabeth Foerster-Nietzsche's Mate Tea, den er in Nueva Germania hergestellt hatte und nun in der Wissenschaftsakademie Berlin zum Verkauf anbot.

Zweitens mithilfe einer Fabrik, in der in Nueva Germania sogenannte Dreamachines hergestellt werden sollten. Woodard hatte diese von Brion Gysin erfundenen Maschinen schon gemeinsam mit William S. Burroughs hergestellt, kurz vor dessen Tod Ende der neunziger Jahre. In der Akademie zeigte er ein Foto, auf dem er gemeinsam mit Burroughs in den flackernden Zylinder der Dreammachine starrt. Diese Maschine bestand aus einem Holzkasten, auf den ein rotierender durchlöcherter Kupferzylinder montiert war, in dessen Mitte sich eine Lampe befand. Wenn man sich diesem flackernden Licht lange genug aussetzte, sollte sich im Betrachter eine bewusstseinsverändernde Wirkung einstellen.

Drittens hatte Woodard, beflügelt vom grossen Erfolg seiner Juniper-Hills-Hymne, auch auf den Dschungel von Nueva Germania eine Hymne komponiert, einen fünfzehnminütigen Choral, den er nun ebenfalls in seinem Seminar vorspielte. Es sollten die fünfzehn längsten Minuten in der Geschichte der Wissenschaftsakademie werden.

Ich habe Woodards Projekte trotzdem immer mit grosser Neugier verfolgt. Ich habe auch gerne geholfen, als er in meiner Möbelfabrik zwei sogenannte Wishing Machines herstellte, obwohl diese Maschinen auf einem Konzept aufbauten, das man grenzwissenschaftlich nennen muss. Bis dahin war es mir so vorgekommen, als könnten seine Projekte womöglich Teil der Neuen Wirklichkeit sein. Was sie aber wirklich völlig ungeeignet für diesen Kosmos gemacht hat, war die Tatsache, dass Woodard sie irgendwann als Kunst verstanden wissen wollte und anfing, sie in Museen und Galerien zu zeigen.

Trotzdem war es immer eine Bereicherung, Woodard zu treffen: Weil er perfekte Umgangsformen besass und weil er zu den wenigen Menschen gehörte, die ich nie *verstanden* habe.

Noch mehr hat es mich übrigens getroffen, als Ingo Niermann seine Arbeit plötzlich zu Kunst erklärte. Seine Bücher *Minusvisionen* und *Umbauland* hatte ich mit grosser Begeisterung gelesen. Auch *Metan*, das Buch, das er zusammen mit Christian Kracht geschrieben hatte. Und das Projekt der Grossen Pyramide, das er mit einem ehemaligen Dozenten der Wissenschaftskademie, Jens Thiel, entwickelt hatte, kann man in seiner mentalen Grosszügigkeit nur vorbildlich nennen. Denn hier ging es um nicht weniger als den Plan, in Brandenburg die grösste Pyramide der Welt zu errichten. Für mich eine reine Manifestation der Neuen Wirklichkeit! Niermann sah das übrigens genauso.

Doch dann: der Bruch.

Er kam völlig unvorbereitet, in Form einer Ausstellungsankündigung: »Ingo Niermann zeigt Werke in der Galerie so und so«.

Ich war schockiert. Sofort rief ich ihn an: »Wir haben doch vor ein paar Tagen noch über den Dritten Weg geredet, und über die Neue Wirklichkeit, und jetzt lese ich, dass du eine Ausstellung planst! In einer Galerie! Du musst sofort alles absagen!«

Ingo Niermann lachte nur freundlich. Später schickte er mir eine Mail. Unseren Streit, schrieb er, könnte man vergleichen mit der Theorie-Diskussion zwischen Habermas und Luhmann. Ich bin dem nicht nachgegangen. Ich war zu traurig. Wieder war ich so gut wie allein.

»Was ist denn schon dabei«, fragte mich mein Freund, der dänische Philosoph Rasmus Hansen, als ich ihm fassungslos von Niermanns irrsinnigem Plan erzählt hatte, »und warum probierst du nicht diesen Keks, den ich soeben gebacken habe?«

Rasmus T. Hansen war eine der vielen vielversprechenden

Gestalten, die in diesen Jahren nach Berlin zogen. In seiner Jugend war er professioneller Segler gewesen, und offenbar hatte er auch einige Jahre in Hong Kong als Kaufmann gearbeitet. Kaum war er nach Berlin übergesiedelt, entwickelte er eine beeindruckende Anzahl von Geschäftsideen: Als seine grosse Hündin – ein Rhodesian Richback wie Joy Wagners Superhund Ben – Junge warf, plante er, in Konkurrenz zum *Weimaraner* nun den sogenannten *Berliner* zu etablieren. Leider war der Vater dieser sehr eleganten schwarzen Hunde aber unbekannt, und das Projekt musste verworfen werden. Als Nächstes versuchte er sich als Porzellan-Produzent. Soweit ich weiss, war ich der Einzige, der ihm jemals einen Stoss seiner in Portugal gebrannten quadratischen Teller abgekauft hat. Dann war er von der fixen Idee besessen, den perfekten Keks zu entwickeln. Monatelang rührte er einen Teig nach dem anderen an, keiner erschien ihm perfekt genug. Eine Zeitlang hatte Hansen auch ein Geschäft in der Rosa-Luxemburg-Strasse, in dem er versuchte, unfassbar teure dänische Lampen zu verkaufen. Als er dann schliesslich heilende Kräfte an sich entdeckte, begann er, von ihm gesegnetes Leitungswasser zu vertreiben. Auf die Flaschen klebte er Etiketten mit dem Aufdruck »Heiliges Leitungs Wasser«. Nach dem Scheitern dieser letzten Geschäftsidee verliess Rasmus Hansen eines Nachts Berlin, zog nach Griechenland, nannte sich Erasmos und verfasste innerhalb weniger Wochen ein tausendseitiges Buch über »Nothingness«. Mir ist auch heute noch, trotz meines hohen Alters, unbegreiflich, wie er in so kurzer Zeit ein so gigantisches Werk vollenden konnte. Von dem ich übrigens nicht ein einziges Wort verstanden habe. Weil ich aber nicht sicher war, ob es sich bei Erasmos Hansen vielleicht doch um den neuen Kierkegaard handelte, bot ich ihm sofort an, das Buch zu verlegen.

»Was ist denn schon dabei«, sagte nun also Rasmus Hansen, während sich neun oder zehn schwarze Welpen in seinen Hosenbeinen festbissen. »Die Neue Wirklichkeit wird so oder so kommen. Sie wird kommen. Und sie wird Freiheit bringen.«

KAPITEL 22

Leise plätschernd rollte das warme Wasser über den weissen Sandstrand und über seinen makellosen Körper. »Oh, schön«, dachte er, sofern er überhaupt noch denken konnte und nicht einfach nur ein Gefäss voller Glück und ohne Gehirn war. »So schön ist es ganz bestimmt auch nach der grossen Vorstellung, wenn sich der Vorhang zum letzten Mal *gesenkt* hat ... Schön warm. Alles angenehm und warm. Das Wasser ist warm, die Luft ist warm, der Sand ist warm, die Sonne ist ...«

An dieser Stelle schaltete das Gehirn sich zwar wieder ein, aber es war nicht unangenehm, es gab ja auch nichts Neues zu denken, es gab ja nur etwas zu wiederholen:

»Die Sonne ist ... kalt ... – aber uns wärmt sie, und auch das Wasser und die Luft und den Sand und die Steine und die Muscheln und diese grossen langen fächerartigen Blätter, die bis zu den Sandkörnern herunterhängen.« Und dann dachte er, und seine Lippen formten dabei lächelnd die gedachten Worte, ganz langsam, wie in Zeitlupe:

»Apfelkuchen. Apfelkuchen. Apfelkuchen ...«

Etwas höher, den Strand hinauf, sah er unter den fächerartigen Blättern einen seltsamen Stuhl im Sand stehen, den die Eingeborenen aus Holzlatten zusammengenagelt hatten.

»Seltsamer Stuhl, was!«, sagte eine Stimme neben ihm, sagte Martin Klosterfelde, der brillante Berliner Galerist, den der Zufall auf genau dieselbe Südsee-Insel verschlagen hatte, an genau denselben Strand, auf dem jetzt also genau dieser seltsame Stuhl stand.

»Ja, wirklich«, sagte ich, »seltsamer Stuhl! Aus Latten zusammengenagelt ... Wie eine Obstkiste ... Wie eine Obstkiste ...«

Und dann dachte ich wieder dieses angenehme Wort:

»Apfelkuchen. Apfelkuchen. Apfelkuchen ...«

Sofort stiegen wir mit unseren zahllosen Kindern in den Einbaum und liessen uns zur Nachbarinsel rudern, wo unser Gepäck lagerte. Auf halber Strecke, mitten im Ozean, gerieten wir in einen Hurrikan. Der Salon stand kopf, das Wasser rauschte durch die Kombüsen, das Piano musste mit dicken Tauen gesichert werden, weil es drohte die Passagiere zu erschlagen. Der Kapitän, der schon unter Joseph Conrad gedient hatte, slippte die Anker, die schäumenden Ausläufer brandeten gegen die Speigatten. Dann wurde das doppelt gerefftte Toppsegel geheisst.

»Die Rah fieren, die Rah fieren!«, schrie ich gegen den heulenden Orkan an, während die Gischt mir ins Gesicht peitschte.

»Neun Glasen auf Backbordbug«, schrie Martin Klosterfelde, klatschte mit der Hand auf die Faust und massierte sie, »neun Glasen auf Backbordbug, wir halsen, wir halsen!«

Fast bis zu dem Moment, in dem wir den Strand dann endlich und tatsächlich erreichten, war ich krank vor grundloser Sorge. Erst als wir den hallenden hölzernen Perron entlangmarschierten, den Gepäckträgern hinterher, die Arme voller Stöcke, Degen und Mäntel, unter dem grossen Vordach, das sich über die silbernen Vögel breitete, liess meine

Anspannung nach, und ich genoss, während wir auf den Start warteten, den ersten Moment unbeschwerter Freude.

Während des langen Fluges dachte ich nach.

Vor bald zehn Jahren hatte ich die Wissenschaftsakademie Berlin gegründet. Da ich mir mittlerweile angewöhnt hatte, ausschliesslich in Dezimalschritten zu denken, gab es hieraus nur eine vernünftige Ableitung: Am zehnten Jahrestag der Akademie-Gründung musste die Akademie wieder geschlossen werden. Es ging schliesslich nicht darum, dieselbe Idee immer wieder zu wiederholen, sondern es ging darum, ein Beispiel und eine Anleitung zu geben. Und das hatte ich getan.

Eine Zeitlang plauderte ich noch mit Martin Klosterfelde über unseren Plan, in Rönnebek, einer verkehrstechnisch ideal gelegenen Ortschaft in Südwest-Nord-Brandenburg, einen internationalen Flughafen zu eröffnen. Den Rest des Fluges verbrachte ich in einem erholsamen Halbschlaf, und wieder zirkulierte in meinem Kopf dieses eine angenehme Wort:

Apfelkuchen. Apfelkuchen. Apfelkuchen ...

Sechs Monate zuvor, Juli 2006, Militärflughafen Schönefeld, Westpolen:

Ein sichtlich genervter Hans Ulrich Obrist kommt mir entgegen, nachdem er die Zollkontrolle passiert hat: »Sind Sie Rafael Horzon? Hm, hm, guten Tag, Obrist ...«

Ich erkläre ihm, dass die S-Bahn nur ungefähr zehn Kilometer Fussmarsch vom Flughafen entfernt liegt, in drei Stunden könnten wir also in Berlin-Mitte sein.

Obrist platzt der Kragen: »Das ist nun sicherlich nicht angebracht, wir nehmen ein Taxi!«

Ich war natürlich nicht ganz schuldlos an seiner schlechten Laune. Um Geld zu sparen, hatte ich einen Flug für neunundsechzig Cent von London nach Berlin gebucht. Der Flug mit der sehr alten Maschine – Obrists Schilderung zufolge muss es sich wohl um eine Ju 52 gehandelt haben – hatte über neunzehn Stunden gedauert. Und nun standen wir also in der sengenden Julihitze auf dem Militärflughafen Schönefeld in Westpolen, und ich schlug zu allem Überfluss auch noch vor, die S-Bahn zu benutzen!

Während der einstündigen Taxifahrt nach Berlin telefonierte Obrist in sieben Sprachen, schrieb parallel dazu einen Vortrag und sichtete einen Stapel von Video-Interviews, die er kurz zuvor aufgenommen hatte. Er wurde seinem Ruf, einer der fünf klügsten Menschen Europas zu sein, mehr als gerecht.

Einige Monate zuvor hatte ich beschlossen, für den Studiengang Architekturtheorie an der Wissenschaftsakademie Berlin ausschliesslich Genies als Dozenten zu verpflichten. Der Architekt Markus Miessen hatte mir Obrist vorgeschlagen, der im Park seiner Londoner Galerie jedes Jahr einen neuen Pavillon von einem sehr berühmten Architekten bauen liess. Ausserdem hatte er Video-Interviews mit den zwanzig oder dreissig wichtigsten Architekten der Welt geführt.

»Also, ich muss schon sagen«, beklagte sich Obrist aber nun, »so ein Procedere bei der Flugbuchung habe ich bis jetzt bei keiner anderen Hochschule erlebt! Ich habe eigentlich auch nur zugesagt, weil ich erfahren habe, dass ein paar Freunde von mir auch schon bei Ihnen gelehrt haben.«

»Ja, es tut mir leid, dass der Flug so anstrengend war, und vielen Dank, dass Sie trotzdem kommen konnten!«, sagte ich.

»Ich habe also etwas recherchiert«, fuhr Obrist fort, wobei er mich aus den Augenwinkeln beobachtete, »und mir ist ehrlich gesagt auch nicht klargeworden, was für eine Art von Beruf Sie eigentlich haben. Viele Berufe anscheinend!«

»Hm, ja«, murmelte ich, »Sie kennen doch vielleicht die Frage von Marcel Duchamp: ›Ist es möglich, Werke zu schaffen, die keine Kunstwerke sind?‹«

»Ja, sicherlich«, sagte Obrist, »die Frage lautet genau gesagt: Peut-on faire des œuvres qui ne soient pas d'art? Und die Antwort lautet natürlich: Nein!«

»Eben nicht«, sagte ich, »die Antwort lautet natürlich: Ja. Und das ist ungefähr auch mein Beruf: Interessante Dinge tun, die keine Kunst sind.«

Obrist war nun plötzlich sehr viel freundlicher.

In drei oder vier Sätzen erzählte ich ihm vom Dritten Weg und von der Neuen Wirklichkeit.

»Und die Neue Wirklichkeit, das entsteht dann auch durch das: Interessante Dinge tun, die keine Kunst sind?«, wollte Obrist wissen.

»Ja, genau.«

Obrist war so begeistert von der neuartigen Theorie, dass er sofort seinen Vortrag an der Akademie absagen wollte, um ein Video-Interview mit mir zu führen. Davor hatte ich aber grosse Angst. »Ausserdem haben sich schon sehr viele Studenten für den Vortrag heute angemeldet, das können wir jetzt unmöglich absagen!«

Der Vortrag war ein sehr grosser Erfolg. Obrist zeigte ein Video-Interview mit Eric Hobsbawm, dann eines mit O. M. Ungers, dann erklärte er die Pavillons von Zaha Hadid, Daniel Libeskind, Oscar Niemeyer und Rem Koolhaas, die im Hyde Park entstanden waren. Es war eines der lehrreichsten Seminare, die jemals an der Wissenschaftsakademie stattgefunden haben.

Acht Monate später, März 2007, Eröffnung des Restaurants Grill Royal, *Berlin:*

Die Raffinesse, mit der Boris Radczun und ich ein paar Jahre zuvor unsere Restaurant-Kette Huhn-Land geplant hatten, war Stephan Landwehr und Thilo von Wermke nicht verborgen geblieben. Die Professionalität, mit der wir damals vorgegangen waren, hatte sie tief beeindruckt. Nun, als sie vorhatten, selbst ein Restaurant zu eröffnen, baten sie Boris Radczun, die General-Organisation zu übernehmen.

Am Abend der Eröffnung war ich so ruhig und ausgeglichen, dass mir das Champagnerglas, das Stephan Landwehr mir zur Begrüssung gab, einfach aus der schlaffen Hand rutschte und mit lautem Knall auf dem Boden aufschlug.

Früher wäre ich über dieses Unglück so erschüttert gewesen, dass ich mich drei oder vier Tage lang nicht davon erholt hätte.

Neuerdings war ich aber sehr unaufgeregt. »Scherben bringen Glück«, erklärte ich Stephan Landwehr. Und tatsächlich: Schon drei Tage später galt der Grill Royal als das wichtigste Restaurant der Welt.

Juni 2007, letzte Vorlesung der Wissenschaftsakademie Berlin und Eröffnung des Fachgeschäfts für Apfelkuchenhandel:

Kaum waren wir aus der Südsee zurückgekehrt, hatte ich mich darangemacht, einen Stuhl aus exakt einunddreissig exakt gleich langen Holzstäben zu bauen. Das Ergebnis war überwältigend. Sofort entwarf ich einen noch schöneren Stuhl, aus exakt vierundzwanzig exakt gleich langen Holzstäben. Wenige Wochen später eröffnete ich das Fachgeschäft für Apfelkuchenhandel, in dem ich auch diese formschönen

Stühle verkaufen wollte. Erasmos Hansen, damals noch als Rasmus Hansen bekannt, buk zur Eröffnung fünfzehn Apfelkuchen. Kein einziger Stuhl wurde verkauft.

Dezember 2007, Eröffnung des Lüftungs-Fachhandels System-Lüftung:

Kaum hatte sich das Fachgeschäft für Apfelkuchenhandel als katastrophaler Fehlschlag erwiesen, begann ich, mich sehr stark für den Bau von Lüftungsanlagen zu interessieren. Dann eröffnete ich den Lüftungs-Fachhandel System-Lüftung. Die technische Planung übernahm Friedrich Killinger. Sofort gingen die ersten Aufträge ein. Im selben Mass, in dem ich aufhörte, mich für Geld zu interessieren, sprudelte es wie aus einer nie versiegenden Quelle. Entsetzt schloss ich das Lüftungs-Geschäft und eröffnete einen Nudel-Grosshandel namens *Noodle Horzon.*

Juli 2008, Gala anlässlich des zehnjährigen Jubiläums von Moebel Horzon *im Kronprinzenpalais Unter den Linden*

Es war tief in der Nacht, als die Gesellschaft auseinanderging. Ich erinnerte mich an einen spätherbstlichen Wald. Als Kind sass ich auf einer üppigen Schicht bunter Blätter, die wie ein vielfarbiger Teppich wirkte. Die Bergspitzen glänzten wie Lustfeuer in ihren Eis- und Schneehüllen. Die Ebene lachte im frischesten Grün. Die Ferne schmückte sich mit allen Veränderungen von Blau, und aus der Dunkelheit des Meeres wehten unzählige bunte Wimpel. Das Geheimnis jener Zeit hat sich tief in unser Gedächtnis eingegraben. Wenn man sich zur Ruhe legt, und die Augen schliesst, dann kommen die Erinnerungen zurück.

KAPITEL 23

Mitten in der Nacht wache ich auf. Ich lausche ein wenig, alles atmet ruhig, auch die ganz Kleinen. Leise ziehe ich mich an und schlüpfe durch die Haustür. Draussen ist es ganz warm. Ich fühle mich leicht.

Eine Zeitlang gehe ich die breite Strasse entlang, es geht sich sehr angenehm. Dann fällt mir auf, dass die Strasse immer mehr absinkt, und ganz am Ende, wo die Strassenlaternen schon ganz klein sind, dort lodert es. Schnell biege ich ab und gehe einen kleinen Feldweg hinauf. Ich komme an eine Felsenschlucht, ich klettere über bemooste Steine. Je höher ich komme, desto lichter wird der Wald. Hinter einer Wiese erkenne ich eine Klippe, und in dieser Klippe eine Öffnung. Der Eingang zu einer Grotte. Ich gehe hinein, alles ist strahlend und hell. Die Wände der Grotte sind mit einer heissen Flüssigkeit überzogen, die sich am Boden zu einem leuchtenden See sammelt. Ich tunke meine Hand hinein und probiere: Schmeckt gut, denke ich, schmeckt gut!

Plötzlich habe ich grosse Lust zu schwimmen, merke aber, dass ich meinen Badeanzug vergessen habe. Am anderen Ufer des Sees erkenne ich eine Liege, darauf ruht ein alter Mann, wahrscheinlich der Bademeister. Seine Haare sind nach hinten gekämmt, die Augen liegen tief in den Höhlen, unter dichten Augenbrauen, der Schnurrbart ist gigantisch. Ich komme näher. Er dämmert. Lange Zeit warte ich, ganz ruhig.

»Hallo, Freund«, sagt er plötzlich, ganz leise.

»Entschuldigung, ich wollte nicht stören, aber ich bin fertig ... mit allem ...«

»Schon gut, ich habe dich erwartet. Du kommst, um dein Zeugnis zu holen …«

»Ja, das stimmt, wie war ich denn? War ich zu albern?«

»Kein Ding gerät, an dem nicht der Übermut seinen Teil hat.«

»Götzendämmerung!«, sage ich.

»Genau …«, nickt er.

»War es denn interessant?«

»Ja, interessant. Und jetzt: Bist du frei? Frei im Kopf?«

»Ja, frei«, sage ich.

»Ohne Leiden?«

»Keine Leiden. Keine Sorgen.«

»Beneidenswert. Mir geht es nicht so gut … Wissen ist Nacht …«

Seine Lider sinken müde herab. Er hebt den Kopf ein wenig, aber der fällt wieder zurück. Dann öffnen sich seine Augen etwas und schliessen sich wieder.

»Die Gedanken sind frei«, sagt er langsam. »Die Gedanken sind Brei …« Und dann klingt es, als hätte man einen Plattenspieler mitten im Satz ausgestellt: »Die Gedanken sind Brei … Die Gedanken sind Brei … Die Gedanken sind Brrrrrraaaaeeeeeeeeiii …«

Ich lege ihm zum Abschied ganz vorsichtig meine Hand auf die Schulter, dann gehe ich weiter.

Signora Sarasate fliegt vorbei. Heute in Form einer sehr schönen, sehr nackten Frau:

»Der Äpfelchen begehrt ihr sehr,
Und schon vom Paradiese her.
Von Freuden fühl ich mich bewegt,
Dass auch mein Garten solche trägt.«

Dabei beugt sie sich vornüber, damit mir der tiefe Sinn ihres Gedichts auch ganz sicher nicht entgeht.

»Entschuldigung«, sage ich, »aber ich weiss doch schon alles. Und ausserdem bin ich verheiratet!«

Signora Sarasate macht eine halbe Drehung, bleibt ungefähr neun Meter von mir entfernt in der Luft stehen und löst sich dann mit einem ziemlich leisen »Puff« in nichts auf.

Verblüfft, aber auch erleichtert, setze ich meinen Weg fort: »Das wird mir natürlich wieder niemand glauben, wenn ich das meinen Freunden im Club erzähle«, denke ich.

Dunkelblaue Felsen mit bunten Adern erheben sich in einiger Entfernung. Was mich aber mit voller Macht anzieht, ist ein leuchtendes Quadrat, das etwas erhöht liegt. Als ich näher komme, sehe ich, dass es eine Öffnung in der Grotte ist, durch die das weisse Tageslicht hereinscheint. Die Öffnung weitet sich, der ganze Himmel wird sichtbar. Dann stehe ich im Freien. Das Licht ist heller und milder als gewöhnlich. Ich steige weiter empor. Es geht steil hinauf, strengt aber kaum an.

Ich fühle der Sonne
Verjüngende Flut
Zu Balsam und Äther
Verwandelt mein Blut.

Die Luft ist dünn. Sie wird immer dünner. Dann bin ich oben.

Über mir nichts. Unter mir nichts. Alles umher ist weiss.

Ich fühle mich leicht.
Ich habe keine Angst.
Ich bin frei.

Exegi monumentum aere perennius.

Ich habe ein Denkmal geschaffen,
dauerhafter als Bronze.

Horaz

Meiner Familie gewidmet